*Ernst Seraphim*

# Der Krieg Napoleons gegen Russland im Jahre 1812

EHV
HISTORY

*Ernst Seraphim*

**Der Krieg Napoleons gegen Russland im Jahre 1812**

*ISBN/EAN: 9783955640484*

*Auflage: 1*

*Erscheinungsjahr: 2013*

*Erscheinungsort: Bremen, Deutschland*

# Der Krieg Napoleons gegen Rußland

## im Jahre 1812.

Zur 100jährigen Gedächtnisfeier des Zusammenbruchs
der Napoleonischen Zwingherrschaft

zusammengestellt

## Dr. Ernst Seraphim.

Riga, 1912.
Buchdruckerei des Rigaer Tageblatts (Paul Kerkovius), Riga, Domplatz 5.

# Inhaltsverzeichnis.

---

Die Fakfimile stammen alle aus der Rigaschen Stadtbibliothek. Sie und die größere Anzahl von Bildern, die aus derselben Quelle herrühren, verdankt der Herausgeber der Liebenswürdigkeit des Herrn Stadtbibliothekars Nikolaus Busch. Die Pläne sind vom Herausgeber nach den Plänen des preußischen Generalstabswerks gezeichnet.

Ein Gedenkjahr von seltener Bedeutung! Vor hundert Jahren brach die Macht des genialen Kriegsfürsten, die schwer auf unserem Erdteil lastete, auf den Schneefeldern Rußlands zusammen. Wie die Wucht seines eisernen Willens alles niederbrach, was ihm entgegentrat, wie unter den Tritten seiner Kriegsscharen alles eigene Völkerleben vernichtet wurde, davon erzählt die Geschichte von dem Zusammenbruch der preußischen Monarchie bei Jena, dem vergeblichen Widerstande Oesterreichs bei Wagram, der Vertreibung der Bourbonen aus Spanien, der Errichtung der Königreiche und Fürstentümer von Napoleons Gnaden, und der Misère der Rheinbundstaaten bis zum Tage, da der Korse, um das verhaßte unbezwungene England zu Boden zu ringen, auch Rußland zum Sklaven seiner Handelspolitik, die in der Kontinentalsperre gegen England gipfelte, machen wollte.

Ex oriente lux! Aus dem Osten kam die Befreiung von dem Joch Napoleons. Eigene Fehler, die unüberwindbaren Schwierigkeiten, die die Natur des weiten Landes und die Kälte des Winters schufen, die nationale Leidenschaft, die das russische Volk ergriff, das den heiligen Boden Rußlands gegen den „Antichristen", dem das Mütterchen Moskau zum Opfer gefallen war, verteidigte, die Einwirkungen deutscher Patrioten, vornehmlich des Reichsfreiherrn von Stein, auf Kaiser Alexander, — sie haben zusammen gewirkt, um eine Katastrophe herbeizuführen, die nur noch in der Vernichtung der Perserheere des Xerxes ihres Gleichen hat.

Seit dem Untergange der Großen Armee war auch Napoleons Geschick entschieden, mochte es seinem Feldherrngenie auch glücken vorübergehende Erfolge zu erringen. Körners Aufruf:

„Frisch auf mein Volk, die Flammenzeichen rauchen,
Hell aus dem Norden bricht der Freiheit Licht!"

gab dem Ausdruck, was alle beseelte, die Begeisterung, mit der die Russen, als sie über den Njemen gingen, in Preußen begrüßt wurden, kam aus übervollem Herzen, und Kutusows Proklamation „an die Deutschen" aus Kalisch vom 13. (25.) März 1813 verkündete, daß der Einmarsch der siegreichen Krieger Rußlands und der mit ihnen verbündeten Preußen „den Fürsten und Völkern Deutschlands die Rückkehr der Freiheit und Unabhängigkeit" bedeute.

„Sie kommen nur in der Absicht, ihnen diese entwendeten, aber unveräußerlichen Stammgüter der Völker wieder erringen zu helfen und der Wiedergeburt eines ehrwürdigen Reiches mächtigen Schutz und dauernde Gewähr zu geben." — „Diese unter den Augen beider Monarchen von ihren Feldherren geführten Heere vertrauen auf einen waltenden gerechten Got und hoffen vollenden zu dürfen für die ganze Welt und unwiderruflich für Deutschland, was sie für sich selbst zur Abwendung des schmachvollsten Joches so rühmlich begonnen."

Wenig mehr als ein halbes Jahr später machte die Völkerschlacht bei Leipzig Napoleons Herrschaft diesseits des Rheines ein Ende. Und wieder nach einem halben Jahre entsagte Napoleon zu Fontainebleau seiner Krone.

Es waren dies Eindrücke unvergleichlicher Art, die man in Rußland, Deutschland und Oesterreich von dem Umschwung aller Dinge davontrug, Eindrücke, die auch die Widerstrebenden zu heller Begeisterung fortrissen. Selbst Goethe konnte sich ihnen nicht entziehen und reichte den Siegern den Lorbeer, den er anfangs für unerreichbar gehalten hatte:

„Denn für den Schmerz, den Ihr empfunden,
Seid Ihr auch größer als ich bin."

Die Erinnerung an den Zug der Großen Armee nach Moskau, den Brand der alten Zarenstadt und den grausen Rückzug Napoleons auf der mit Leichen besäeten alten Straße zum Njemen, sie wird heute lebendig im ganzen weiten Reich. Auch die baltischen Provinzen, die vor hundert Jahren in Opferwilligkeit nicht hinter den andern Teilen Rußlands zurückgestanden haben, deren Söhne damals in großer Zahl unter Rußlands Fahnen fochten und von denen Kurland alle Bitternisse feindlicher Okkupation hat erfahren und tragen müssen, rufen sich das Gedächtnis an jene schwere, aber große Zeit zurück. Unsere Jugend vornehmlich soll an dem gewaltigen Drama, das sich damals abspielte, das Walten der Vorsehung erkennen und neben dem Großen, das in eherner Gewalt vor ihr wieder lebendig wird, auch das Schicksal der Heimat sich vor Augen führen, das mit den universellen Geschehnissen 1812 in unlösbarem Zusammenhang stand.

Von diesen Gesichtspunkten aus hat der Deutsche Verein in Livland, materiell gefördert von den Brudervereinen und den Ritterschaften, die nachfolgende Festschrift durch mich zusammenstellen lassen. Möchte sie ihren Zweck erfüllen!

Dr. Ernst Seraphim.

Im Juli 1912.

# Napoleon auf dem Gipfel der Macht.

Die Schlacht bei Jena am 14. (2.) Oktober 1806 hatte die preußische Monarchie über den Haufen geworfen. „Wir sind eingeschlafen auf den Lorbeern Friedrichs des Großen, welcher, der Herr seines Jahrhunderts, eine neue Zeit schuf! Wir sind mit derselben nicht fortgeschritten, deshalb überflügelt sie uns." So schrieb im Rückblick auf die Katastrophe, die den Kriegsruhm des friedricianischen Heeres vernichtete und zum Frieden von Tilsit (9. Juli 1807) führte, die edle Königin Luise von Preußen. Vergeblich war der Widerstand gewesen, den die zersprengten Reste des Heeres, gestützt auf eine herangekommene russische Armee, im äußersten Osten der Monarchie den napoleonischen Truppen entgegengestellt hatten.

Der Sieg Napoleons erschütterte den Glauben Kaiser Alexander I. an die Möglichkeit, dem Korsen mit Erfolg die Stirn bieten zu können, so sehr, daß er Preußen seinem bittern Geschick überließ, sich selbst aber, indem er das napoleonische Herrschaftssystem bis zur Weichsel anerkannte, freie Hand im Osten sicherte. Preußen wurde durch den Frieden aus der Zahl der Großmächte gestrichen und Bedingungen unterworfen, deren Schwere womöglich durch die Gehässigkeit und Treulosigkeit in ihrer Ausführung durch die Franzosen überboten wurde. Es wurde auf das Gebiet östlich der Elbe beschränkt, verlor jedoch auch hier seine polnischen Landesteile. Um die Hälfte verkleinert, wurde es durch ungeheure Kontributionen erdrückt und gänzlich ausgesogen. Der Druck des gegen England gerichteten Kontinentalsystems tat das Seinige, um das französische Joch noch furchtbarer zu machen. Handel und Wandel stockten. In ihren materiellen Lebensbedingungen empfindlich geschädigt, wandten sich auch die, bei denen ethische Momente wenig galten, gegen die Handelspolitik des Kaisers, die auf die Dauer ebensowenig haltbar war, wie sein politisches System.

Noch freilich traten diese Erscheinungen nicht offen zu Tage, die harte Hand des Imperators lastete noch gebietend auf Europa. Noch erkannten wohl auch nur die Wenigen, die Einsichtigen, daß der unerträgliche Haß, den seine Gewaltherrschaft gesät hatte, der Druck, unter dem alles seufzte, eine allgemeine Erhebung herbeiführen mußte. Diese sittliche und fromme Ueberzeugung wuchs langsam, aber in den Tiefen des Volkes wurzelnd, in dem zerschmetterten Preußen empor. 1809 hatte die Königin Luise in ihrem Politischen Glaubensbekenntnisse den Gedanken ausgesprochen, wohl sei Napoleon ein Werkzeug in des Allmächtigen Hand, um das Alte, welches kein Leben mehr habe, zu begraben, aber die Zukunft gehöre doch nicht ihm, mit seinem ungemessenen persönlichen Ehrgeiz und mit seiner Maßlosigkeit, die ihn des Gleichgewichts beraube. Und Ernst Moritz Arndt hatte schon 1807 in seiner Charakteristik Napoleons im „Geist der Zeiten" von Napoleon gesagt: „Ich meine nicht, daß er der verruchte Bösewicht ist, wozu ihn manche im Haß machen. Er hat geherrscht, wo man diente, geboten, wo man nachgab, seine gewaltige Kraft, oft planvoll, öfter unbewußt, fortgetrieben, wo kein Wider= stand war, ja er hat wohl selten mehr gewußt, als er gefühlt hat, und so ist er dahin gekommen, wohin er beim Ausgehen noch nicht sehen konnte. Aber soll man ihn, der selbst einer blinden Macht in ihm folgt, den weisen und sichern Führer nennen? soll man groß nennen, was klein, kühn, was grausam, weise, was hinterlistig ist? Das Hohe der Menschheit hat er nie gedacht. Von der Bildung und dem heiligsten Verhältnis Europas hat er keine Idee; in wilder Natur fährt er dahin . . . Bonaparte trägt dunkel den Geist der Zeit in sich und wirkt allmächtig durch ihn."

Das Fatum, an das Napoleon stets geglaubt, trieb ihn auf seiner Bahn vorwärts. Die Unbezähmbarkeit seines Charakters war seine Größe und sein Verhängnis! Und schon zeigte sich, wie alles auf seiner Person beruhte: so= lange er selbst in Spanien, wo er das verlotterte Haus der Bourbonen ge= stürzt hatte, weilt, zwingt er das Kriegsglück, als er aber sich andern Auf= gaben zuwenden muß, erleiden seine Marschälle Niederlage auf Niederlage.

Eine neue Gefahr wächst empor: Oesterreich erhebt sich, nicht mehr wie früher zu einem Kabinettskriege, sondern zum Kampf um Europas Freiheit. Wie ein Jubelruf geht es durch die Lande, als Erzherzog Karl am 21. und 22. Mai 1809 den für unbesiegbar gehaltenen Franzosen bei Aspern zum ersten Mal eine schwere Niederlage beibringt. Freilich am 5. und 6. Juli wirft Napoleon bei Wagram die Oesterreicher zu Boden und am 14. Oktober bekräftigt der Friede von Wien wiederum seine Allgewalt von Ragusa bis Memel. Umsonst hatte Heinrich von Kleists wildes Lied getönt:

> „Rettung von dem Joch der Knechte,
> Das, aus Eisenerz geprägt,
> Eines Höllensohnes Rechte
> Ueber unsern Nacken legt!
> Schutz den Tempeln vor Verheerung!
> Unsrer Fürsten heil'gem Blut
> Unterwerfung und Verehrung,
> Gift und Dolch der Afterbrut!"

Dumpf und schwer lasteten die Jahre nach der mißglückten Erhebung Oesterreichs auf dem deutschen Volke. Immer tiefer drang die Empfindung zorniger Schande über das korsische Joch. Rückerts „Geharnischte Sonette" gaben der Erregung der Nation verhaltenen Ausdruck.

Napoleon war diese Stimmung nicht verborgen, aber der große Verächter aller Ideologie meinte von ihr nichts fürchten zu müssen. Vergeblich warnten ihn seine Generäle, selbst Jerome, sein lustiger Bruder. „Was soll denn zu fürchten sein von einem so maßvollen, so vernünftigen, so kalten, so duldsamen Volke, einem Volke, dem jede Ausschreitung so fern liegt, daß noch niemals einer meiner Soldaten während des Krieges gemordet wurde," gab er zur Antwort. Und ein ander Mal: „Meine Zeit ist zu kostbar, als daß ich sie mit der Beschäftigung mit solchen Albernheiten verlieren könnte." An dieser Verachtung der großen sittlichen Mächte der Völker ist sein auf die Eroberung der Welt abzielender Ehrgeiz gescheitert.

Und langsam begann bereits der Boden unter ihm sich zu lockern. In Spanien, in England vermochte er der Gegner nicht mehr Herr zu werden — und nun stieg drohend auch der Konflikt mit dem Verbündeten von Tilsit, mit Alexander dem Ersten von Rußland, wie eine Wetterwolke, empor.

Trotz der vielen Freundschaftsworte, die in Tilsit zwischen Alexander und Napoleon gewechselt worden waren, war das Verhältnis beider Herrscher und beider Staaten im Grunde alles andere als ein aufrichtiges. Das Nein, das Napoleon den Plänen Alexanders auf Konstantinopel entgegensetzte, der in Rußland schwer getragene Druck der englandfeindlichen Handelssperre, das Mißtrauen Alexanders in der polnischen Frage — Napoleon möchte sich mit dem Plan einer Wiederherstellung Polens tragen —, schließlich der Affront, den der Kaiser durch die Einziehung von Oldenburg erlitt, dessen Fürst sein naher Verwandter war, schufen bald eine schwüle Atmosphäre an Stelle der kurzen Periode gegenseitigen Vertrauens. Seit dem Sommer 1810 schon hielten beide Kaiser einen Krieg für unausweichlich.

Hüben und drüben suchte man Anschluß. In Berlin wie Wien haßte man den Zwingherrn, in beiden Staaten drängte eine volkstümliche Kriegs= partei zum Bunde mit Rußland. Aber die trostlosen Erfahrungen der letzten Jahre und der Charakter der beiden Monarchen, des Königs Friedrich Wil= helm III. und des Kaisers Franz, wirkten einer so kühnen Politik, die alles gleichsam auf eine Karte setzte, entgegen. Preußen als Durchzugsland der französischen Armee nach Osten konnte natürlich auf Neutralität nicht rechnen. Auch König Friedrich Wilhelm empfand die Zumutung, mit dem in tiefer Seele verabscheuten Imperator gegen den Russischen Freund zu Felde zu ziehen, als eine Schmach. Im Frühjahr 1811 schrieb er Alexander, er sei bereit seine von Scharnhorst und Gneisenau neu gebildete Armee gegen Na= poleon zu führen, wenn eine russische Armee nach Preußen einrücke. Im Mai antwortete Alexander, er habe kein Mittel, die Ueberflutung Preußens durch die Franzosen zu hindern, und könne den Krieg nicht anders als im Innern seines Landes beginnen. „Die bedrohte Erde des heiligen Rußland würden seine Russen tapfer verteidigen." Nicht günstiger war die Antwort, die Scharnhorst erhielt, als er in tiefem Geheimnis im Oktober nach Peters= burg eilte. Auch in Wien klopfte Preußen ohne Erfolg wegen eines Bünd= nisses an, und selbst England weigerte Subsidien und die Landung von Truppen an der deutschen Küste.

Blieb dem Könige unter solchen Umständen etwas anderes übrig als sich mit Frankreich zu verständigen? Oder sah er zu trübe? Wer vermag das mit Sicherheit zu sagen?

Gneisenau, der große Reorganisator der preußischen Armee, drängte zum Kampf gegen Napoleon, ehe er Preußen vernichtet habe: „Ew. Majestät", schrieb er in einer Denkschrift vom Sept. 1811, „scheinten Ihre Streitkräfte gering zu achten. Mit einer Armee von 124,000 Mann, die auf Ihren Wink sogleich um ein Fünftel vermehrt werden kann, ist man ein achtbarer Gegner. Auch das Mittel des Heerbannes sowie des Landsturmes möchte nicht so verächtlich sich ausweisen, als E. M. davon in Ihren Bemerkungen zu unseren Milizplänen urteilen.\*) — — Die Fürsten der Erde kennen häufig nicht den Zauber, der in ihren freundlichen Worten und in ihrem Zorn liegt. Wenn Ew. Maj. der unwiderstehlichen Freundlichkeit sich bewußt wären, die Sie Ihren Zügen zu geben vermögend sind, wenn Sie diesen Zauber anwenden wollten, um Ihren Thron, Ihren Staat, Ihre Kinder dem Schutz des Volkes zu empfehlen, Ew. Maj. würden Wunder tun und schlummernde Kräfte entwickeln, worüber die Welt erstaunen würde. Es sind nicht immer die stehenden Heere gewesen, die Throne und Staaten gerettet haben, häufig war es die Liebe eines für seinen Herrscher begeisterten Volkes . . . Ew. Majestät werden mir, indem ich dieses sage, abermals Poesie Schuld geben und ich will mich gern hiezu bekennen.\*\*) Religion, Gebet, Liebe zum Regenten, zum Vaterlande sind nichts anderes als Poesie. Keine Herzenserhebung ohne poetische Stimmung. Auf Poesie ist die Sicherheit der Throne gegründet. Die Bande der Geburt, der Zuneigung, der Dankbarkeit, des Hasses gegen die Fremdlinge fesseln den Patrioten an seinen alten Herrn, mit ihm will er leben und fallen. Dies ist Poesie und zwar der edelsten Art. An ihr will ich mich aufrichten mein Lebelang und zur Ehre will ich es mir rechnen, der Schar jener Begeisterten anzugehören, die alles daran setzten, um Ew. Majestät alles zu retten. Denn wahrlich, zu einem solchen Entschluß gehört Begeisterung, die jede selbstsüchtige Berechnung verschmäht. Viele sind der Männer, die so denken, und weit stehe ich ihnen an Adel der Gesinnung nach; aber ich will mich bestreben, ihnen ähnlich zu werden."

Zwar hatte der Staatskanzler Hardenberg, der anfänglich auch ein französisches Bündnis für den einzigen Ausweg erklärte, unter dem Druck der Kriegspartei und der demütigenden Anforderungen Frankreichs sich für einen Anschluß an Rußland ausgesprochen, doch der König blieb, entgegen seinen innersten Neigungen, bei der Meinung, die Rettung Preußens erheische das Opfer des Bündnisses mit Napoleon. Während man noch verhandelte und zauderte, besetzte Anfang 1812 ein französisches Korps Schwedisch-Pommern,

---

\*) Der König hatte schon im August bemerkt: „Mangel an Lebensmitteln, keine Gewohnheit an Entbehrungen und Ausdauer, noch weniger Erfahrung im Kriege und einige Flinten- und Kanonenschüsse zerstreuen diese Legion".

\*\*) Der König bemerkte zu einer Gneisenauschen Denkschrift über die Milizen: „Als Poesie gut."

näherte sich Marschall Oudinot bis hart auf einen Tagesmarsch Berlin. Andere französische Truppen besetzten Ende Februar Swinemünde. In dieser bedrohten Lage gelangte am 2. März die Nachricht in Berlin an, der preußische Gesandte in Paris habe am 24. Februar den Bündnisvertrag abgeschlossen: Preußen verpflichtete sich in den geheimen Artikeln, ein Heer von 20,000 Mann dem Kaiser zum Kriege gegen Rußland zur Verfügung zu stellen. Tags darauf bestätigte der König den Vertrag.

Nicht ohne Bewegung liest man heute in der Denkschrift, die der König schon im November „über die große Frage, soll Preußen sich für oder wider Frankreich erklären?" verfaßt hatte: „Wenn ich der Stimme meines Herzens Gehör geben und meiner Neigung, meinem Gefühl folgen wollte, so würde die Frage bald entschieden sein. Wenn ich aber die Vernunft und meine Ueberzeugung zu Rate ziehe, so glaube ich der Erhaltung des Staates und meines Hauses alles Uebrige opfern zu müssen und demnach muß ich mich nach der Lage der Dinge für Ersteres entscheiden, die Gründe, die dagegen anzuführen sind, habe ich sorgfältig und lange geprüft; ich finde sie erheblich, nur zu erheblich, mein Entschluß steht aber dem ohngeachtet fest."

Erschütternd war der Eindruck des Ereignisses auf die deutschen Patrioten. Daß auch Oesterreich dem Beispiel Preußens zu folgen genötigt war, verstärkte die Wucht des Verhängnisses. Am 26. (14.) Februar schrieb Scharnhorst an den General York: „Ich erlaube mir keine Meinung über unsere politischen Schritte. Wir unterliegen einem labyrintischen Gewirre, welches die Zukunft entwickeln wird und welches eben so sehr ein Resultat unserer besonderen Lage als anderer Umstände ist. Ich habe jetzt keinen anderen Wunsch mehr als einen ehrenvollen Tod, wenn das Verhängnis ein Unglück für den Regenten und den Staat herbeiführen sollte."

Gneisenau aber schrieb tief niedergebeugt an den Freiherrn von Stein, der im Exil in Prag lebte, aus Breslau, auf der Durchreise nach Petersburg: „Wenn man fünf Jahre gekämpft und gearbeitet hat, und sein mit Erfolg gesegnetes Werk durch einen unglücklichen Federzug vernichtet sieht, so wird es dem mit Kummer belasteten Gemüt wohl Bedürfnis einen anderen Himmel aufzusuchen, unter dem die sorgsam gepflegte und schwer verletzte Pflanze vielleicht wieder aufblühen möge. In welchem vortrefflichen Rüstungszustande wir waren, würde die Welt kaum glauben, sofern es bekannt gemacht werden könnte. — — Bei erfolgter Unterzeichnung verlangte und erhielt ich meine Entlassung. Ich habe nun mein Hauswesen bestellt, meine sieben Kinder noch gesegnet und morgen setze ich meinen Stab weiter."

Scharnhorst war vorher entlassen worden, Boyen und Clausewitz, v. Tiedemann u. a. verließen, zum Unwillen des Königs, gleichfalls das Heer und suchten russische Kriegsdienste, andere Tapfere, wie Grolmann, Oppen, die Brüder Hirschfeld, fochten schon in Spanien. Sie dachten mit Gneisenau. „die Welt scheidet sich in Feinde und Freunde Bonapartes, auf das Gebiet der Länder kommt es dabei weniger an, als auf das der Grundsätze."

Schwächere Naturen freilich mochten an der Zukunft des deutschen Volkes völlig verzweifeln. Heinrich von Kleist, einer der Bannerträger gegen Napoleon, dessen Dichtungen so feurige Liebe zu Deutschland atmen, gab sich in stiller Waldeinsamkeit den Tod:

>     „Und stärker rauscht der Sänger in die Saiten,
>     Der Töne ganze Macht lockt er hervor,
>     Er singt die Lust, fürs Vaterland zu streiten,
>     Und machtlos schlägt sein Ruf an jedes Ohr;
>     Er schließt sein Lied; er wünscht mit ihm zu enden
>     Und legt die Leier tränend aus den Händen."

Aber das war doch nicht der Ausdruck der Empfindungen der Nation. Ihr aus der Herzenstiefe rief Ernst Moritz Arndt, als Napoleon noch auf der Höhe der Macht stand, „Pfui über Deutschlands Fürsten, über die deutschen Männer, die nicht zu hassen und zu rächen, nicht zu kämpfen, und nicht zu sterben wissen:"

Ein feuriger und frommer Idealismus ging in die Tiefe und die Weite des deutschen Volkes in dieser Zeit unendlicher Anfechtung: Schillers Tell, der die Erhebung eines unterdrückten Volkes zum Gegenstand hatte, begeisterte Alt und Jung, Kant sah „in der Religion die Erkenntnis unserer Pflichten als göttlichen Willen", Fichtes Reden an die deutsche Nation predigten, es gäbe nur eine Tugend, sich selber zu vergessen, nur ein Laster, an sich selbst zu denken, und Schleiermacher steigerte das Gottvertrauen, in dem er innere Freiheit als die Vorbedingung des Glaubens forderte.

So wuchs ein starkes deutsches Geschlecht auf, während die Heere Napoleons — unter seinem Adler so viele Deutsche — hinein nach Rußland zogen! „Zu fürchten haben wir jetzt nichts mehr, schrieb Clausewitz seiner Frau, alles zu hoffen."

---

# Die Große Armee in Rußland.

## I.

### Vom Uebergang der Armee über den Njemen am 23. (11.) Juni bis zum Einzuge in Wilna.

Der Napoleon, der den Krieg gegen Rußland unternahm, war nicht mehr der jugendliche Held von Arcole und Marengo. Er war älter, bequemer geworden, schwere Sorgen quälten ihn, dunkle Ahnungen raubten ihm Ruhe und Schlaf, untergruben seine Gesundheit. Er hatte das Gefühl der Abhängigkeit von dem Unabänderlichen, aber auch von dem Verhängnis, dem er entgegentrieb. Daß es neben ihm kein russisches Weltreich geben konnte, war ihm klar, aber er fürchtete die Widerstände, die ihm in Frankreich selbst, in dessen Gesellschaft und sogar in der Armee, wie in den unterworfenen Staaten emporwuchsen, und er wäre der Kraftprobe mit Zar Alexander gern aus dem Wege gegangen. Aber er sah kein Zurück: „Ich bin der größte Sklave unter den Menschen," hat er damals selbst bekannt, „der Herr, dem ich gehorchen muß, hat kein Herz: es ist die Berechnung der Umstände und die Natur der Dinge." Indem er in der Politik, in seinem „System" „den Stern sah, dem er folgen mußte", kämpfte er mit seinem Schicksal, das unentrinnbar war.

Ihm war es nicht verborgen, daß das unmittelbare Fundament der Kaiserlichen Macht, die Armee, brüchig geworden war, daß an Stelle seiner alten Veteranen Rekruten der Konskriptionen getreten waren, die der dienstbeflissene Senat ihm bewilligte, er sah, daß Offiziere und Soldaten des rauhen Kriegshandwerks müde waren und nur unter Lockerung der Disziplin und durch ewige Beute bei Laune erhalten werden konnten, er empfand die Entfremdung von seinen Generalen, von seinen Ministern, von denen so mancher, nicht nur Talleyrands kluger, skrupelloser Sinn, den Augenblick des Abfalls schon ins Auge zu fassen begann. Es kamen auch Momente, in denen er die Unhaltbarkeit seines Protektorats über halb Europa sich selbst zugestand.

Aber, dann trat es ihm doch auch vor die Seele, daß er nicht zurückweichen, davongehen könne, wie ein Schauspieler von der Bühne. „Ich habe mir ein Reich geschaffen, ich will es erhalten" sagte er, und ein anderes Mal: „Man mag mich für ungerecht und grausam halten, wenn mein System nur vorwärts geht." Eine finstere Menschenverachtung erfaßte ihn. „Die Canaille liebt und achtet nur diejenigen, welche sie fürchtet, und die Furcht der Canaille kann euch allein die Liebe und Achtung der ganzen Nation verschaffen", schrieb er seinem Bruder Joseph 1809.

In fatalistischer Stimmung ging er dem Kriege entgegen, gern hätte er ihn vermieden, er mochte wohl hoffen, Alexander werde nachgeben bei dem bloßen Anblick der gewaltigen Heerhaufen, die er, ein zweiter Xerxes, aus aller Herren Länder, zum Orientkriege entbot und die sich in breiten Strömen auf sein Geheiß der russischen Grenze zuschoben. Aber die Dinge waren schon zu weit gediehen. Der Bruch, von beiden Seiten gefürchtet, war unvermeidlich. „Ich fühle mich", äußerte Napoleon in dieser Zeit, „nach einem Ziele hingetrieben, welches ich nicht kenne. Wenn ich es erreicht haben werde, so wird ein Atom genügen, um mich niederzuwerfen, aber bis dahin vermögen alle Anstrengungen der Menschen nichts gegen mich."

Im Februar 1812 übermittelte Napoleon seine Forderungen nach Petersburg: strenge Durchführung der Kontinentalsperre, ein für Frankreich vorteilhafter Handelsvertrag, Abweisung oder nur geringe Entschädigung für den Herzog von Oldenburg. Alexander antwortete am 8. April mit einem Ultimatum: Räumung Preußens, Schwedisch=Pommerns und aller Festungen östlich der Elbe. Napoleons Armee solle Deutschland verlassen und Rußland nicht mehr bedrohen. Dann erst sei Alexander zu Verhandlungen bereit. Er mußte — das war der Krieg!

Auch Napoleon war sich über die Lage nicht im Unklaren. Weitere Verhandlungen waren nur die Maske für Beendigung der Rüstungen. Als er am 9. Mai St. Cloud mit seiner Gemahlin verließ, um nach Dresden zu reisen, wußten alle, daß er von dort nach Rußland aufbrechen werde. Hier auf dem glänzendsten Hoftage, den er auf deutschem Boden abgehalten hat, äußerte er: „Nach einer Schlacht oder nach zwei bin ich in Moskau und der Zar liegt vor mir auf den Knien." Solche auf seine Umgebung abzielende, hochfahrende Worte mochte ihm wohl auch die Apotheose eingeben, die ihm in Dresden zu teil wurde. Der Kaiser von Oesterreich, sein Schwiegervater, der König von Preußen waren erschienen, es war ein Triumph für Napoleon ohne Gleichen. Er selbst war liebenswürdig, der Jubel, der ihn umgab, allgemein. „Keine Spur in jener hohen Gesellschaft von der Stimmung, in der wir heute jener Tage gedenken. Beim Abschied war die Rührung allgemein. Napoleon sprach mit jedem Fürsten, mit jeder Prinzessin; er selbst war bewegt." (Lenz.) Am 28. (16.) Mai brach er aus Dresden auf, um den Aufmarsch der Großen Armee persönlich zu leiten.

Wie waren die Machtverhältnisse verteilt, als die beiden größten Militär-mächte der damaligen Welt auf einander stießen? „Auf der einen Seite", so faßt ein preußischer Offizier, der Hauptmann Hayner, in seiner kleinen lesens-werten Schrift über den Krieg von 1812 die Gegensätze, die auf einander prallten, zusammen, „der erste Feldherr der Welt, Napoleon, mit der größten buntscheckigen Armee aus allen Ländern Westeuropas; auf der andern der Zar Alexander, umgeben von einem großen Kreise sich vordrängender, unverant-wortlicher Ratgeber, aber keinem Feldherrnstern erster Größe, gestützt nur auf ein nationalrussisches Heer. Der eine im ungestümen Angriff, in dem er Meister war, in unermeßliche Raumtiefen hinein; der andere in der Verteidigung in einem Lande, das keine Widerstandslinien, keine Schlupfwinkel und Stützpunkte, aber ringsum unbegrenzte ebene Flächen zum Bewegen, Ausweichen nach allen Richtungen bot."

Mitte Juni war der Aufmarsch der Franzosen in Polen und Preußen beendet. Es waren versammelt:

|  | Mann | Geschütze |
|---|---|---|
| 1. Oesterreichisches Hilfskorps unter Fürst Schwarzenberg um Ljublin . . . . . . . . . . . . . | 34,000 | 60 |
| 2. Jerome, König von Westfalen, um Warschau und Mod-lin mit . . . . . . . . . . . . . | 79,400 | 192 |
| 3. Eugen Beauharnais bei Rastenberg mit . . . . . | 80,600 | 178 |
| 4. Napoleon selbst zwischen Goldap, Königsberg, Gum-binnen . . . . . . . . . . . . . | 222,500 | 632 |
| 5. Macdonald mit dem 10. und dem preußischen Hilfs-korps bei Tilsit . . . . . . . . . . . | 32,000 | 84 |
|  | 448,500 | 1146 |

Ausser den im Norden und im Süden operierenden Abteilungen bildeten 382,500 Mann mit 1002 Geschützen die Hauptarmee, die den Stoß in das Herz des russischen Reiches führte. Bei ihr befanden sich die tüchtigsten fran-zösischen Marschälle, wie Davout, Ney und Murat mit der Kavalleriereserve. Die Weichsel bildete für sie die Operationsbasis. In den festen Plätzen waren hier Waffen, Munition, Bekleidung und Lebensmittel für eine halbe Million Menschen auf ein Jahr aufgestapelt. Von der Weichsel konnten sie über Danzig, Kurisches Haff, Njemen und Wilja hinauf bis Wilna befördert werden, das als zukünftiger Etappenhauptort in Aussicht genommen war. Natürlich konnte die große Armee, in der jeder Mann eine viertägige eiserne Portion mit sich trug, in einem dünnbevölkerten Lande wie Litauen und Rußland nur durch Nachschub ernährt werden. Dem diente außer den 17 Trainbataillonen ein Fuhrpark von 1500 vierspännigen Fahrzeugen und zahlreichen zwei- und einspännigen Karren, zum Teil mit Ochsen bespannt, die später als Schlachtvieh benutzt werden sollten. Napoleon war sich der enormen Anforderungen, die diese Verpflegung der Armee heischt, voll bewußt, er hatte sie nach Möglichkeit zu erfüllen versucht. Aber, was er wollte, wollen mußte, war unmöglich. Die Verproviantierung der Riesenarmee mußte bei den damaligen mangelhaften Verkehrsverhältnissen scheitern. Was selbst heute die größten Schwierigkeiten machen würde, war damals, wo es keine Eisenbahnen, Ballons, Telegraphen und Telephone, Kraftwagen und Fahrräder gab, eine unlösbare Aufgabe. Es kamen, wie hervorgehoben worden ist, die Schäden der Verwaltung hinzu, die aus dem Volkscharakter herzuleiten sind: Unpünktlichkeit neben schematischem Formalismus: „Man gehorchte dem Buchstaben der Befehle, um hinter dem Rücken des Kaiserlichen Befehlsgebers die gröbsten Unterschleife zu begehen."

Besonders unfreundlich gestalteten sich früh die Beziehungen zwischen französischer Intendantur und den nichtfranzösischen Truppenteilen. Eine Mißernte in Polen, die den Viehbestand verringert hatte, wirkte mit, um die an sich lockere Disziplin weiter zu untergraben, schon sehr früh riß ein allgemeines Plünderungssystem ein. Die bunte Menschenmischung der Armee bildete natürlich ein weiteres Moment, das ungünstig auf Festigkeit und Ordnung einwirkte.

Den Massen Napoleons hatte Kaiser Alexander zunächst nicht mehr als 197,000 Mann entgegenzustellen, eine völlig unzureichende Macht, die zudem noch arg verzettelt aufgestellt war. Es standen:

1. die 1. Westarmee unter dem tüchtigen, besonnenen Barclay de Tolly bei Wilna, rechts bis Keidany hinaus, links bis Lida, die Reserven bei Swenziany, etwa 104,250 Mann.

2. die 2. Westarmee unter Bagration bei Wolkowisk, kaum 33,000 Mann.

3. Tormassow mit der Reserve um Luzk, 38,000 Mann.

4. Hetman Platow mit etwa 10,000 Kosaken bei Grodno.

5. General Essen in und um Riga 12,000 Mann.

Da die Reserve erst in langsamer Sammlung begriffen war, so betrug die Zahl der verfügbaren Kräfte noch nicht 150,000 Mann. Doch konnte man, da der finnländische Feldzug zu Ende war, auf weitere 20,000 Mann von Finnland rechnen und nach Abschluß des Türkenkrieges auf die 53,000 Mann, mit denen Tschitschagow noch an der Donau stand. Im Innern mochten zerstreut etwa 130,000 Mann stehen, so daß sich im Laufe der Zeit doch wohl 400,000 Mann zusammenziehen ließen. Es ist klar: die Zeit spielte hier eine wichtige Rolle. „Zunächst an Zahl unterlegen, konnte nach und nach ein Gleichgewicht der Kräfte eintreten, und mit der Zeit sogar der Punkt kommen, wo die russische Armee der beim Vormarsch sich immer mehr schwächenden französischen gegenüber die Ueberzahl gewann."

Michael Fürst Barclay de Tolly, russischer Feldmarschall, geboren 1761 zu Luhde=Großhof in Livland, gestorben 14. (2.) Mai 1818 bei Insterburg, beigesetzt in Beckhof in Livland.

Er kämpfte mit Auszeichnung gegen die Türken und Schweden, 1792—94 in Polen, befehligte 1806 bei Pultusk den rechten Flügel der Russen und hielt bei Jannow und Landsberg (23.—24. Jan. 1807) den Andrang der französischen Armee auf. Bei Preußisch=Eylau wurde er schwer verwundet. 1808 nahm er als Divisionär an dem Kampf gegen Finnland teil und führte 1809 mit großer Bravour die Russen über das Eis des Bottnischen Meerbusens und eroberte Umea. Am 20. Jan. 1810 zum Kriegsminister ernannt, führte er 1812 den Oberbefehl über die I. Westarmee, bis er von Kutusow abgelöst wurde. Unter diesem kommandierte er bei Borodino den linken Flügel und das Zentrum. Im Februar 1813 mit dem Oberbefehl über die III. Armee betraut, führte er bei Bautzen den rechten Flügel der Russen, nahm hervorragenden Anteil an den Schlachten bei Dresden, Kulm und Leipzig, wurde in den Grafenstand erhoben, 1814 in Paris Feldmarschall und 1815 Fürst.

Der Napoleonische Feldzugsplan mußte, getreu des Kaisers bisherigen Grundsätzen und unter besonderer Berücksichtigung der vorliegenden Verhältnisse darauf beruhen, mit vernichtenden Schlägen sich überraschend auf das feindliche Hauptheer zu stürzen und ihm durch eine operative Umklammerung die Möglichkeit des Rückzuges zu rauben. Gegen Barclay de Tolly bei Wilna mußte mithin der Hauptschlag geschehen. Von dem weit nach Rußland hineinspringenden Preußen ließ sich die Umklammerung am leichtesten einleiten, ließen sich die hier Stehenden leicht bei einem Vormarsch auf dem Wasserwege verpflegen, während Jerome und Eugen Beauharnais von Warschau und Rastenburg den Feind in der Front festhalten und zugleich die südlich Wilna stehenden russischen Truppen fesseln sollten.

Die Flügel bei Tilsit und Ljublin endlich mußten die Russen an der Düna und in Wolhynien von einer Hilfsaktion für Barclay abhalten. Es ist derselbe strategische Grundgedanke, der Napoleon 1800, 1805 und 1806 so große Erfolge gebracht hat: die Umgehung eines feindlichen Flügels, hier des rechten. „Er will diesem Flügel erst in der Richtung auf Petersburg 12 bis 15 Märsche abgewinnen, dann, in der rechten Flanke des Feindes stehend, nach Süden einschwenken und die so des Rückzuges beraubte feindliche Aufstellung von Norden nach Süden aufrollen." Dann hoffte er den Weg nach Moskau frei zu haben und hier den Frieden zu diktieren. Ein kühner und einleuchtender Plan! Wie aber, wenn Barclay sich der Umklammerung entzog, weil die Marschschwierigkeiten zu groß waren, weil es der größten Anspannung bedurfte, um eine Armee von 225,000 Mann zur gewünschten Stunde an gewünschter Stelle zu haben? Wie, wenn dann der Feind nach Süden ausbog, wo eine Verpflegung bei den natürlichen Hilfsquellen des Bodens für ihn weit leichter war?

Die Zukunft sollte zeigen, daß solche Erwägungen nur zu gerechtfertigt waren. Militärische Schriftsteller haben daher den Gedanken ausgesprochen, Napoleon hätte seinen Plan dahin richten müssen, den Gegner von Süden aus zu umklammern und ihn nach dem ärmeren und räumlich engeren Gebiet des nördlichen Rußland abzudrängen.

Wie gedachten aber die Russen den Feind zu bestehen? Dem Namen nach führte der Kaiser den Oberbefehl. Bei ihm befand sich der Führer der 1. Westarmee, Barclay de Tolly, der zugleich Kriegsminister war. Wenn auch kein Feldherr ersten Ranges, war er doch ein klar blickender, besonnener und tüchtiger Militär von deutscher Gründlichkeit und großer Bravour, der sich in Kämpfen gegen die Türken, Schweden und Polen ausgezeichnet, 1806 und 1807 in Preußen gegen Napoleon gekämpft hatte, bei Preußisch-Eylau schwer verwundet worden war und durch seinen Feldzug gegen die Schweden in Finnland und den 1809 über das Eis des Bottnischen Meerbusens unternommenen Zug sich hohe Anerkennung erworben hatte. Aber sein Einfluß war bei dem Monarchen nicht durchdringend und ausschlaggebend. Unverantwortliche Ratgeber und Klugredner machten sich breit. Die einen wollten eine Offensive bis zur Oder, die anderen drängten auf eine Entscheidungsschlacht an den Westgrenzen, wieder andere sprachen verschiedenen Verteidigungsplänen das Wort, im Notfall wollte man halbwegs bis Petersburg zurückweichen' oder aber an der Düna in guter Position dem Feinde die Stirn bieten.

Auf Moskau zurückzugehen, das kam anfangs sicher keinem in den Sinn. Wie es scheint, ist es der preußische Oberst von den Knesebeck gewesen, der bereits im Februar 1812 während einer besonderen Sendung seines Königs in Petersburg, die Erwägung aufgebracht hat, sich überhaupt auf keine Ent=

Peter Iwanowittsch Fürst Bagration,
geb. 1765 zu Kislias im Kaukasus, gest. 1812 am 26. Sept. in der Schlacht bei Borodino. Trat 1782 in russische Dienste, kämpfte gegen die Türken, unter Suworow in Polen, deckte bei Austerlitz den Rückzug der Russen. 1807 focht er unter Bennigsen bei Heilsberg und Friedland, 1809 entriß er den Schweden die Alandsinseln, befehligte dann in der Moldau gegen die Türken, erst mit Glück, dann mit Unglück und wurde 1810 abberufen. 1812 führte er die II. Westarmee und vereinigte bei Smolensk diese mit Barclays Armee, focht tapfer bei Smolensk und an der Moskwa (Borodino), wo er fiel.

scheidungsschlacht einzulassen, sondern sein Heil und seine Stärke in stetigem Rückzuge zu suchen. Damit verband sich der Plan des in russische Dienste getretenen preußischen Generalleutnants v. Phull, an der Düna bei Drissa, wo der Schnittpunkt der beiden großen nach Petersburg und Moskau gehen=

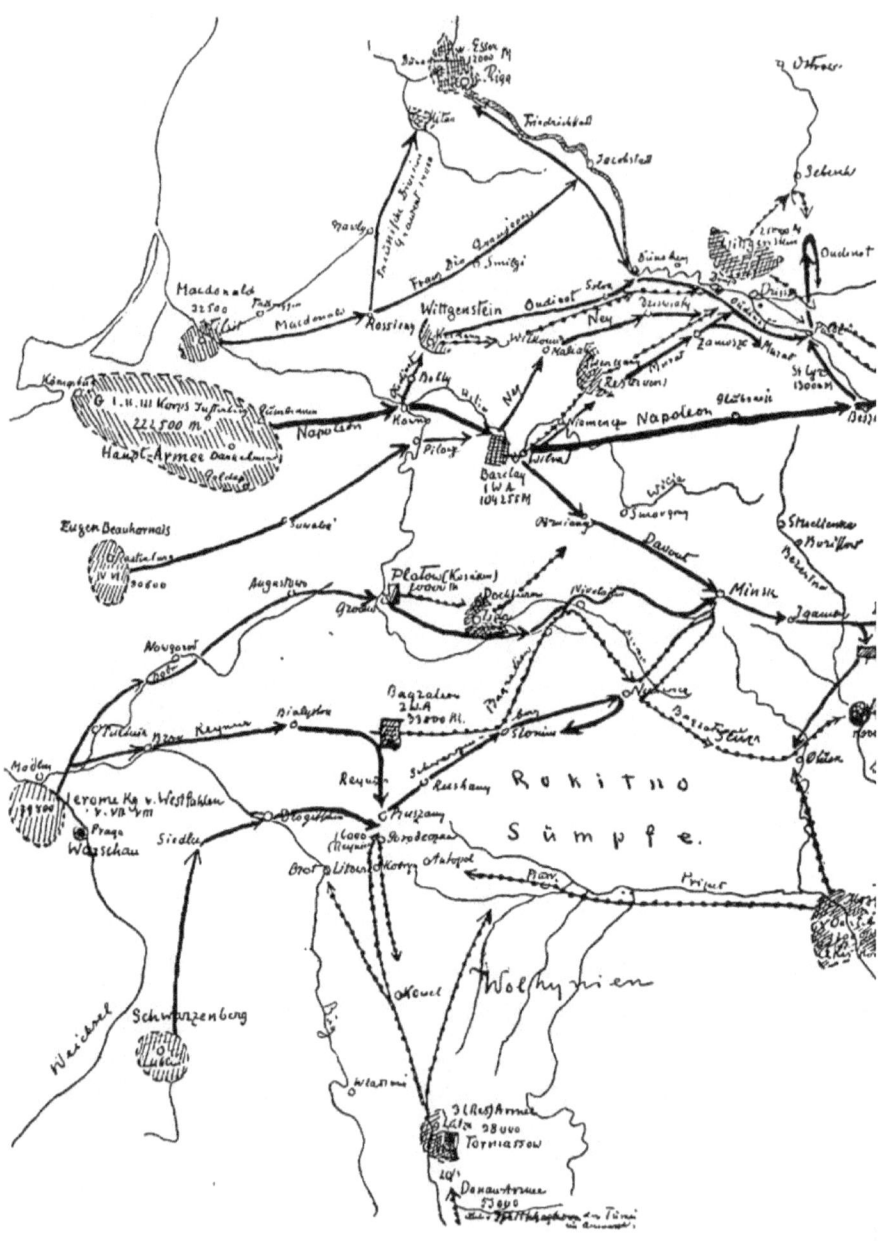

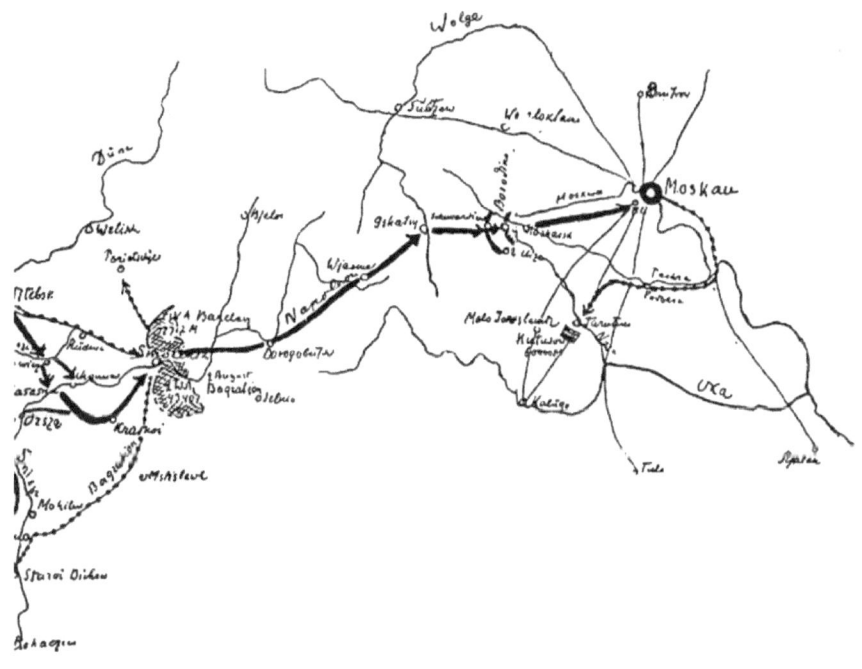

# Vormarsch Napoleons.

Erläuterung:

⟶ } Marschlinie französischer Truppen

⟵ - " - russischer - -

1:2270000

0 ................................ Kilometer.

den Straßen lag, Stellung zu nehmen und durch große Befestigungswerke einer Armee von 70,000 Mann einen festen Halt zu geben. Phull war zwar ein arger Theoretiker, aber der Grundgedanke seines Planes, dem Feinde erst ein Stück auszuweichen, war richtig. Die Verhältnisse selbst brachten jedoch erst den Stein ins Rollen und führten zu dem, was Scharnhorst den Krieg auf Partherweise führen nannte. Es ist bezeichnend, daß noch vor

Ludwig Adolf Peter, Fürst von Sayn-Wittgenstein Ludwigsburg, geboren 5. Januar 1769 zu Njeshin, gestorben 11. Juni 1843. Kämpfte 1793 in Polen, im Kaukasus, bei Austerlitz, 1807 bei Friedland, später befehligte er die Russen in Finnland. 1812 war er Befehlshaber der zum Schutz von Petersburg nördlich der Düna zusammengezogenen Armee. Bei Golowtschnitzij wurde er verwundet. Im Oktober focht er siegreich gegen St. Cyr bei Polozk und besetzte im Januar 1813 Königsberg, am 10. März Berlin. Nach Kutusows Tode übernahm er den Oberbefehl über die Verbündeten, wurde aber bei Groß-Görschen und Bautzen besiegt. Er legte dabei den Oberbefehl nieder, befehligte dann das russische Korps an der böhmischen Grenze, kämpfte bei Dresden und Leipzig, wurde bei Bar-sur-Aube (Februar 1814) schwer verwundet. 1823 wurde er Feldmarschall. 1838 verlieh ihm der König von Preußen die Fürstenwürde.

dem Einmarsch in Rußland ein preußischer Prediger den bei ihm einquar=
tierten Schwaben · gesagt hatte: „Ihr seit euer viel, ihr werdet im Anfang
siegreich sein. Die Russen werden Euch in das Mark ihres großen Reiches
hineinlassen. Mittlerweile werdet Ihr schwächer und werdet dann mit Frost
und Mangel zu kämpfen haben. Dann erst fangen die Russen den Krieg mit
vollem Ernst an; Ihr werdet Mühe haben, herauszukommen, und nur wenige
werden zurückkommen."

Welch prophetische Worte! Freilich solch eine Kriegsführung nach Parther=
weise konnte niemals populär sein, sie mußte die leichtbewegliche Volksstim=
mung aufreizen und diese auf den Monarchen, der solchen Einflüssen leicht
zugänglich war, Eindruck machen. Daß der Kaiser gleichwohl dieser „Ermattungs=
Kriegführung" schließlich treu blieb, daß er nicht nach den ersten unglücklichen
Schlachten Frieden schloß, nach dem Napoleon begierig war, das ist neben der
tiefen Abneigung Alexanders gegen Napoleon nicht zum Letzten das Verdienst
des Freiherrn von Stein, den er zu sich nach Petersburg eingeladen hatte, wo
er an der Spitze des Deutschen Komitees stand. Im Juni befand er sich im
russischen Hauptquartier in Wilna, stets in nächster Umgebung Kaiser Alexan=
ders, der sich dem wuchtigen Einfluß des großen deutschen Patrioten nicht
entziehen konnte.

Vorläufig war man in Wilna von der Sorge erfüllt, die durch Na=
poleons Einmarsch getrennte 1. und 2. Westarmee bei Drissa zu vereinigen
und hier das Schlachtenglück zu erproben. Am 24. (12.) Juni hatten in
Wilna die Offiziere des Kaiserlichen Hauptquartiers auf einem Landsitz dem
Kaiser ein glänzendes Sommerfest bereitet. Der Kaiser tanzte selbst mit, als
ihm sein Generaladjutant Graf Balaschow in tiefer Erregung ins Ohr flüsterte,
ein Eilbote melde, die Franzosen überschritten in ungeheuren Massen den
Grenzfluß Njemen. Alexander verlor keinen Augenblick die Fassung; niemand
sah ihm an, was in seinem Innern vorging. Erst als das Fest zu Ende ging,
diktierte er in tiefer Nachtstunde den Tagesbefehl für sein Heer, in dem er den
Schutz Gottes gegen den eroberungssüchtigen Feind anrief. „Soldaten, Ihr
verteidigt die Religion, das Vaterland, die Freiheit! Ich bin mit Euch und
Gott wird gegen den Angreifer sein!" In einem in derselben Nacht an den
Gouverneur von Petersburg diktierten Brief aber gab er das Gelöbnis: „Ich
werde die Waffen nicht wieder niederlegen, so lange noch ein einziger feindlicher
Soldat auf dem Boden Rußlands steht."

Auch an Napoleon sandte er durch Balaschow die Aufforderung, Ruß=
land zu verlassen, dann wolle er ihm die Hand zur Versöhnung bieten. Na=
türlich ohne Erfolg! Kaum 24 Stunden nachdem Kaiser Alexander aus Wilna
nach Drissa aufgebrochen war, hielt Napoleon seinen Einzug in die Hauptstadt
Litauens.

Am 23. (11.) Juni hatte er persönlich, von Gumbinnen kommend, in
den Mantel eines polnischen Ulanen gehüllt, den Njemen bei Kowno erkundet,
Befehle für den Brückenschlag gegeben und den Uebergang der großen Armee
angeordnet. Am Abend begann der Uebergang. Napoleon selbst mit kleinem

Gefolge, von polnischen Lanzenreitern eskortiert, hinter ihnen reitende Garde=jäger in roten Husarenpelzen, die Augen von riesigen Pelzmützen beschattet, leitete und bestimmte. In einer Stunde waren drei Brücken fertig und die Nacht hindurch und den ganzen folgenden Tag ergossen sich die Truppen ins russische Gebiet. Nicht freilich ohne mancherlei Unordnung. „An den Brücken" — schildert ein Teilnehmer — „staute sich oft die Masse, jeder wollte der erste sein, jeder seine Equipage mitnehmen, Gendarmen taten Einspruch, Ungehorsam, Widersetzlichkeiten offenbarten sich." Ein heftiges Gewitter war am 24. (12.) Juni

Heinrich Friedrich Karl, Reichsfreiherr von Stein,
geboren 26. Oktober 1757 in Nassau an der Lahn, gestorben 29. Juni 1831 zu Kappenberg in Westfalen. Großer deutscher Patriot und Reorganisator von Preußen. Die Seele des Widerstandes gegen Napoleon.

aufgestiegen. Unter wildem Donner, bei strömendem Regen mußten die Trup=pen marschieren. Dazwischen schmetterten die Trompetenchöre der französischen Kürassiere, wogte und brauste die Menge der Soldaten, die ihrem Kriegsherrn, der, selbst zu Fuß, sie defilieren ließ, mit stürmischem „Vive l'impereur!" zujubelten. Ueberwältigend war namentlich abends das Bild der tausende von Beiwachtfeuern in der Niederung zu beiden Seiten des Flusses und über all dem soldatischen Treiben die helle Mittsommernacht. . . .

Bis zum 25. (13.) Juni war die gesamte „Große Armee" diesseits des Njemens. Unmittelbar nach dem Uebergang beginnt der Vormarsch auf Wilna. Aber zu der erhofften großen Schlacht ist es nicht gekommen. Auf der ganzen Linie hatten sich die Russen dem Zusammenstoß entzogen. Die französische Kavallerie verlor die Fühlung mit ihnen. So machte man in Wilna Halt. Aber man bedurfte auch einer Ruhepause: die schlechten Wege, die große Hitze hatten Mannschaft und Pferden übel mitgespielt. Schon sind rund 25,000 Mann zurückgeblieben. Die Pferde fallen wie die Fliegen. Auch die Verpflegung stockt bereits, Plünderungen machen sich breit, „das Nachzüglertum beginnt, das die Reihen in der Front lichtet, die Einwohner bedrückt, dem ganzen Kriege vom Beginn an jenen eigentlichen zuchtlosen, grausamen, brutalen Stempel aufdrückt und von russischer Seite eine Vergeltung sonder Gleichen hervorruft." Schon zeigen sich die Vorboten eines leidenschaftlichen Volkskrieges, in dem die Priester die Bauern, die Offiziere die Soldaten fanatisieren, wo alles in Wut und dumpfen Haß geriet.

Napoleon war mit dem Verlauf sehr unzufrieden: die operative Umfassung war gescheitert, günstigsten Falls bot sich noch die Aussicht, einzelne Teile der durchbrochenen russischen Linie abzuschneiden und zu schlagen. Das Ergebnis des ganzen ersten Feldzugsabschnittes war gleich Null!

Am 9. Juli (27. Juni) brach Napoleon von Wilna auf. Ein neuer Abschnitt des Krieges beginnt.

---

## II.

### Von Wilna über Smolensk bis Borodino.

Der Einmarsch Napoleons hatte für die Russen eine Ueberraschung bedeutet, so sehr sie mit ihm rechnen mußten. Im ersten Augenblick hatte man ihm bei Wilna die Spitze bieten wollen, auch Barclay war dafür gewesen, aber bei ruhiger Ueberlegung mußte er sich sagen, daß die russischen Kräfte viel zu schwach waren und es vor Allem galt Zeit zu gewinnen. So ging denn die I. Westarmee über Niemencin—Swenciany in der Richtung auf Drissa zurück. Die abgetrennten Teile erhielten Befehl sich auf das Hauptkorps zurückzuziehen, Bagration mit der II. Westarmee die Vereinigung von Wolkowisk, nachdem er Kosaken unter Platow von Grodno aus aufgenommen, über Nowogrudok—Smorgoni zu versuchen. Aber es zeigte sich wieder die alte Weisheit, „daß es leichter ist, Truppen nach allen Richtungen zu entsenden, als im gegebenen Augenblick schnell zu sammeln und daß man ein Land nicht deckt durch eine weit auseinandergezogene Aufstellung, daß, wer alles schützen will, nichts ordentlich sichert". (Hayner.) Nur mit Mühe und unvollkommen gelang die Entziehung vor der drohenden französischen Umklammerung. Die Fehler der Franzosen trugen dazu das Meiste bei.

Wittgenstein, der nördlich von Wilna stand, sollte von Macdonald und Davout umzingelt werden. Aber er wich nordwärts zur Düna aus. Der französische Plan ihn abzuschneiden mißglückte also, vor Allem, weil Macdonald von Tilsit aus viel zu gemächlich den Vormarsch antrat. Um Bagrations II. Westarmee zu umfassen und zu vernichten, entsandte Napoleon Davout auf Oszmiana, Jerome von Grodno aus ihm in den Rücken. Aber auch dieser Plan schlug, in erster Reihe durch Jeromes Unfähigkeit, fehl. Bagration bog nach Südosten aus und gelangte auf großem Umwege über Nieswicz—Sluzk—Saltanowka nach Smolensk. Freilich, die von Barclay und ihm erstrebte Vereinigung beider Armeen war vorläufig nicht gelungen — sie bildete nach wie vor den Angelpunkt der ganzen russischen Kriegsführung. Sie dauernd zu verhindern ist Napoleons Hauptziel, als er am 9. Juli (27. Juni) von Wilna mit der Hauptarmee aufbricht und sich zwischen den beiden russischen Heeren auf Witebsk in Bewegung setzt. Während in Wolhynien das österreichische Hilfskorps unter Schwarzenberg die Deckung gegen die sich hier sammelnden russischen Truppen unter Tormassow übernehmen soll, im Norden aber an der Düna Macdonald mit dem preußischen Hilfskorps den Auftrag erhält, sich in den Besitz von Riga zu setzen, um durch Gewinnung der Düna diesen tief nach Rußland hineinreichenden Fluß als Zufuhrstraße für die Große Armee benutzen zu können, fällt Davout die Aufgabe zu, sich Bagration an die Fersen zu heften und dessen Vereinigung mit Barclay zu verhindern. Napoleon selbst will zu einem entscheidenden Schlage gegen Barclay ausholen: während schwächere Abteilungen diesen in der Front beschäftigen, bemüht der Kaiser sich, ihn diesmal von Süden, in der linken Flanke, zu umfassen und nach Norden auf Petersburg hin abzudrängen und dann zu vernichten.

Barclay hatte sich unterdessen bei dem befestigten Lager von Drissa an der Düna konzentriert. 10,000 Mann Verstärkungen hatte er herangezogen. Man war zur Annahme der Schlacht entschlossen, sobald Bagration die Vereinigung vollzogen hätte. Die Nachricht, dieser habe bei Minsk umkehren müssen, warf aber alle Pläne auf Widerstand abermals über den Haufen. Barclay durchschaute Napoleons Plan, erkannte die Gefahr, von der Straße auf Moskau abgezogen zu werden und zögerte nicht, unter Preisgabe von Drissa auf Witebsk abzumarschieren. Wittgenstein mit 25,000 Mann wird zum Schutz von Petersburg an der mittleren Düna zurückgelassen, an Bagration geht die Weisung über Mohilew zu marschieren, Barclay selbst mit 82,000 Mann geht in Eilmärschen nach Witebsk, das er noch vor Napoleon erreicht.

Als die Vortruppen Napoleons am 18. (6.) Juli abends sich Drissa näherten, fanden sie das Nest leer. „Manchem", so erzählt ein Augenzeuge, der württembergische Doktor Roos, in seinen Memoiren, „mag wohl damals bei dem fortwährendem Näherrücken an die größte Schanze, die von ungewöhnlicher Höhe war und eine bedeutende Anzahl Schießscharten hatte, das Herz doppelt und dreifach schnell geschlagen haben. Je näher wir kamen, desto stiller wurden alle. Man hörte weder Waffengeklirr, noch Räuspern, noch Husten; kein Pferd wieherte, es war, als ob auch sie auf den Zehen gehen könnten. Mit jedem Augenblick glaubten wir aus dieser Verschanzung und ihren Metallschlünden begrüßt oder angedonnert zu werden, und stille rückten wir immer näher. Auf einmal schwand der Nebel vor unsern Augen; die Stille verwandelte sich in ein Gemurmel und dann in ein Gelächter: es war weder eine Kanone, noch ein Soldat in dem Koloß von Schanze. Ein Bäuerlein wandelte oben umher, das man früher für eine Schildwache gehalten hatte, und die ausgeschickten Patrouillen brachten bald die Nachricht, daß die Russen in der Frühe ihr Lager und diese Schanze verlassen hätten."

Den abgezogenen Russen eilt der Kaiser nach. Er hat etwa 135,000 Mann bei sich, fast das Doppelte wie Barclay, aber wenn auch die Spitzen seines Heeres bereits am 24. (12.) Juli vor Witebsk bei Beczenkowiczi anlangten, so brauchte er doch drei weitere Tage, um das Gros, das in massierten Kolonnen bei der Julihitze marschierte, beisammen zu haben. Nun wollte er die langersehnte Schlacht schlagen — und wieder entwich ihm der Feind fast unter seinen Augen! Unter dem Schleier einer schwachen Nachhut war Barclay auf Smolensk zu verschwunden.

Abermals waren Napoleons Absichten vereitelt worden. Weder hatte Davout die zweite Westarmee packen können, noch er selbst Barclays Heer. Man war weitere 300 Werst ins Innere vorgestoßen, aber erreicht hatte man nichts. Und immer klarer trat es bereits zu Tage, daß es so nicht weiter gehen könne. Schon waren die Verluste größer als die einer erbitterten Schlacht: 130,000 Mann und 80,000 Pferde waren schon zu Grunde gerichtet worden. Die Mängel der Verpflegung zeigten sich in greller Weise, die Ordnung begann sich bereits zu lösen, Marodeure und Nachzügler schwärmten überall von der Hauptarmee aus, plünderten, wo sie konnten, wurden aber von den erbitterten Bauern oft überfallen, die an ihnen in furchtbarer Weise Rache übten. Der Mangel an gesundem Wasser, der Genuß unreifen Obstes, die Julihitze, die mit endlosen Regengüssen wechselte, welche die schlechten Wege grundlos machten, erzeugten Ruhr und Typhus in einem „jede Beschreibung übersteigenden Grade". „Gierig", heißt es in einem zeitgenössischen Bericht, „schöpften die durstigen Soldaten aus jedem Brunnen, aus jeder Pfütze und das wenige Wasser war bald so schlammig, daß es nur durch ein Tuch gezogen genossen werden konnte". „Sie ließen sich eher totschlagen", bemerkt ein bayrischer Offizier, „als sich von diesem ihnen so schädlichen Getränk abhalten". Zahlreiche Selbstmorde wurden verzeichnet.

Es ist bezeichnend, daß dem Kaiser sich ernstliche Bedenken aufdrängten, ob er den Feldzug fortsetzen sollte. Es wird uns eine Szene überliefert, die die Gemütsstimmung Napoleons beleuchtet: Der Kaiser ging im Zimmer aufgeregt hin und her. Plötzlich wandte er sich an seine Generäle mit der Frage: „Soll ich dem Feinde folgen, soll ich stehen bleiben?" Ihm antwortete Belliard: „Sire, noch 6 Tage marschieren und wir haben keine Reiterei mehr!" „Gut," rief der Kaiser aus und warf seinen Degen auf den Tisch, „so werde ich an der Grenze Altrußlands Halt machen. Der Feldzug 1812 ist zu Ende. Das weitere wird der Feldzug des nächsten Jahres besorgen."

Nach mehrtägiger Ruhepause in Witebsk erhielt die Armee jedoch wieder Marschbefehl auf Smolensk. Hier endlich hoffte der Kaiser Barclay zu stellen und zu schlagen. Sein Verhängnis, sein Stolz trieb ihn vorwärts. „Dieser Feldzug gelingt nur in einem Zuge oder nie" — mit diesen Worten schlug er seine eigenen und seiner Generäle Bedenken nieder. Den beim Marsch aus Wilna mißglückten Plan der südlichen Umfassung gedenkt er zu wiederholen. Indem er nach rechts abmarschiert, Davouts Truppen an sich zieht, will er über Babinowiczi den Dnjepr bei Rasasna überschreiten und über Krasnoi Smolensk erreichen. Mit 186,000 Mann soll Barclay eine Katastrophe bereitet werden.

Ein Gelingen war dem Kaiser aber auch diesmal nicht beschieden. Als sich ihm die Russen endlich entgegenstellen, sieht Napoleon sich nicht mehr Barclay allein gegenüber. Bagration war es trotz allen Anstrengungen Davouts geglückt, von Saltanowka hier sich mit der I. Westarmee zu vereinigen. Am 2. August (21. Juli) war das lang erstrebte Ziel erreicht, über 120,000 Russen konzentriert. Dieser Erfolg ließ die unverantwortlichen Ratgeber, die mit Barclays bisherigem Rückzuge wenig zufrieden waren und sich mit wohlfeilen patriotischen Worten berauschten, den „Deutschen" Barclay aber offen oder geheim anfeindeten, wieder an Einfluß steigen. Der Kaiser selbst hatte freilich den Oberbefehl in der richtigen Einsicht, daß er kein Feldherr sei, und daß sein persönliches Ansehen nur gemindert werden könnte, wenn er der Chef der zurückweichenden Truppen blieb, in Barclays Hände übergeben und war selbst Ende Juli nach Moskau gereist, um den nationalen Widerstand durch seine Anwesenheit zu entflammen, aber er hatte doch auch gezögert, Bagration direkt unter Barclays Befehl zu stellen, und dadurch überaus peinlichen Eifersüchteleien, die lähmend auf die Einheitlichkeit der Operationen wirkten, Tür und Tor geöffnet. Bagration feindete Barclay offen an, der General Jermolow war das Sprachrohr aller Umtriebe gegen ihn, der Bruder des Kaisers, der Großfürst Konstantin vollends, der ohne eigentliche amtliche Stellung im Hauptquartier Barclays war, drängte ungestüm und altmoskowitische Gedanken vertretend, Barclay sollte endlich einmal Stand halten. Schon kam es zu Widersetzlichkeiten gegen ihn. Man sprach von „Feigheit" und „Unfähigkeit", ja von „Verrat". Barclay, dessen besonnene Würde diese Treibereien ruhig zurückwies, war in sehr schwieriger Lage. Unwillkürlich meinte er als Nichtrusse dem Druck, der von den Generälen ausging und vom Volksempfinden getragen wurde, Rechnung tragen zu müssen.

Und in der Tat, die Wogen der nationalen Begeisterung gingen immer höher. Der Besuch, den Kaiser Alexander Ende Juli in Moskau gemacht hatte, hatte von hier aus die Gedanken des Widerstandes überall gefestigt.

Am 24. (12.) Juli war Kaiser Alexander in der alten Zarenstadt eingetroffen und hatte ein eindrucksvolles Manifest erlassen, in dem es hieß: „Da wir gesonnen sind zur sichersten Verteidigung neue Streitkräfte zu sammeln, wenden wir uns zuerst an die alte Hauptstadt unserer Vorfahren, Moskau. Stets

ist sie das Haupt der übrigen russischen Städte gewesen, stets hat sie aus
ihrem Schoß die tötliche Macht über den Feind verbreitet, ihrem Beispiele
folgend, flossen aus allen übrigen Gegenden, so wie das Blut zum Herzen,
die Söhne des Vaterlandes zu ihr, zu ihrer Verteidigung. Nie aber hat dies
die Notwendigkeit mehr erheischt, als jetzt. Die Rettung der Religion, des
Thrones, des Reiches fordern es! Auf denn! Es rege sich in den Herzen
unseres berühmten Adels und der übrigen Stände der Geist für diesen gerechten
Kampf, den Gott und unsere rechtgläubige Kirche segnet. Allgemeine Anstrengung,
allgemeiner Eifer schaffe neue Kräfte! Von Moskau aus ströme patriotische
Kampfeslust über das ganze große Rußland hin! Das Verderben, in das der
Feind uns zu stürzen wähnt, falle auf sein eignes Haupt zurück und das von
seiner Knechtschaft befreite Europa preise Rußlands Namen!" Eine enthu=
siastische Stimmung erfaßte ganz Moskau. Der Adel beschloß am 27. (15.) Juli
den zehnten Mann von den männlichen Seelen zu stellen, die Kaufmannschaft
brachte große Summen zusammen. In Leo Tolstois großem Roman „Krieg
und Frieden" findet sich eine lebendige Schilderung dieser Tage und des
Eindrucks, den Alexanders weiche Persönlichkeit auf alle gemacht hatte. Es war
keine Phrase, wenn Leute, die sonst wenig patriotische Empfindung hatten,
tränenden Auges Leben und Vermögen ihm zu Füßen legten. Von Moskau
aus verpflanzte sich die Begeisterung in die übrigen Gouvernements: zwölf von
ihnen boten dem Monarchen über 200,000 Seelen an, einzelne Männer stellten
ganze Regimenter, der Hof ging mit reichen Spenden voran, Vornehm und
Gering, Reich und Arm folgte. Der Petersburger Adel brachte 2 Millionen
Rubel auf, das Alexander=Newski Kloster Kostbarkeiten, andere Klöster wett=
eiferten mit ihm.

Dieser Strömung, wenn auch widerwillig, nachgebend, entschließt sich Barclay
de Tolly in Smolensk zur Aufgabe der bisherigen Taktik: er läßt sich zum Angriff
auf Napoleon bestimmen und geht am 7. August (26. Juli) von Smolensk in drei
Kolonnen auf Rudnia vor. Auf die Nachricht, daß der Feind sich nördlich, bei
Welisch, zeige, läßt Barclay, eine Umfassung seines rechten Flügels fürchtend, die
I. Westarmee nach Porietschje abmarschieren. Doch er war über Napoleons Ab=
sicht unrichtig informiert. Dieser hatte es keineswegs auf eine Umklammerung
von Norden aus, sondern, wie schon früher, von Süden aus abgesehen. Am 13.(1.)
August war er bei Rasasna über den Dnjepr gegangen, mit 186,000 Mann, darunter
34,000 Reiter unter Murat, marschierte er über Krasnoi gegen Smolensk.
Nun kehrt Barclay schleunig um. Am 16. (4.) August stößt er vor Smolensk
mit der Napoleonischen Armee heftig zusammen. Vier Tage dauern die verlust=
reichen Kämpfe, die man unter dem Gesamtnamen der Schlacht bei
Smolensk zusammenfaßt.

Der erste Tag war eigentlich der entscheidende. Die französische Armee war
mit ihrer vordersten Marschstaffel bis Lubna, dicht vor Smolensk, von Süden
heranrückend, gekommen. Barclay und Bagration standen auf ihrem Westmarsch
viel weiter von Smolensk als sie. Gelang es Napoleon, die Stadt, die von
nur 17,000 Russen unter Rajewski besetzt war, zu überrennen, bevor Barclay

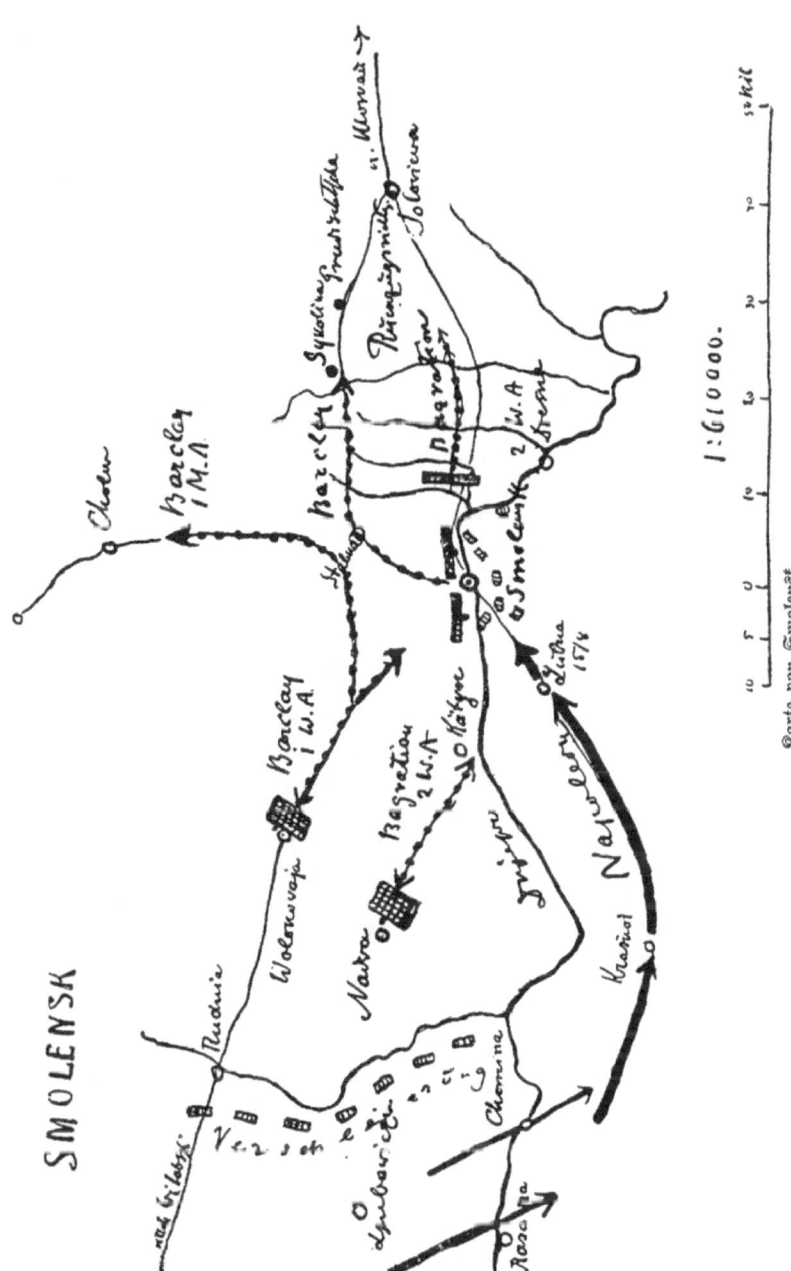

SMOLENSK

Karte von Smolensk.

1 : 610 000.

und Bagration zurückgekehrt waren, so stand er im Rücken der Rückzugsstraße der Russen, die dann, von dieser abgedrängt, nach Norden ausweichen mußten. Moskau war dann so gut wie preisgegeben.

Smolensk zu nehmen, war eine zwar nicht leichte, aber doch zu erreichende Aufgabe. Der Frontalangriff wurde aber am 16. (4.) August nicht mit dem nötigen Nachdruck unternommen, Napoleon begnügte sich mit einer Beschießung der Stadt, die als Festung trotz ihrer Mauern und Türme keinen ernsthaften Wert hatte, — erst am 17. (5.) August wollte er, wenn das Gros der Armee zur Stelle sei, den Angriff mit voller Kraft ins Werk setzen. Aber am nächsten Morgen hatte sich das Bild völlig verändert: Napoleon stand nunmehr den in Eilmärschen zurückgekehrten beiden russischen Westarmeen gegenüber. Bagration eilt von Katyn zuerst herbei, dann treffen auch die Barclayschen Regimenter ein. Es sind 113,000 Mann, die auf dem nördlichen Ufer des Dnjepr Stellung genommen haben, im Halbbogen stehen südlich des Stromes 186,000 Franzosen, die sich am 17. (5.) August in brutalem Frontalangriff in Bewegung setzen, um über die zwei Brücken in Smolensk einzudringen. Es entspann sich ein erbittertes Ringen. Mit größter Tapferkeit wurde auf beiden Seiten gekämpft, Schritt für Schritt nur gewannen die Franzosen Boden. Ueber 10,000 Franzosen lagen vor den Mauern und, als es Abend wurde, war die Stadt noch immer nicht erobert. „Die meisten Häuser", so heißt es im Bericht eines deutschen Offiziers im Napoleonischen Heere, „waren in Flammen aufgegangen, die hölzernen bis auf den Boden verbrannt, die steinernen ganz ausgebrannt. Die abziehenden Russen haben alles verwüstet, was irgend hätte von Nutzen sein können. Leichen überall, aber welche Leichen: Niemand hatte Zeit und Lust gehabt, sie aus dem Wege zu räumen und gleichgiltig durch Gewohnheit des täglichen Anblicks und eigenen Leidens gegen das, was in anderen Zeiten den Gefühllosesten mit Schauder erfüllt hätte, waren Geschütze, Bagage, Pferde und Fußvolk zweier Armeen über Tote und Verwundete hinweggegangen. Die Körper waren zerschmettert, platt gefahren und getreten, das Blut hatte sich mit dem Staube vermischt und war mit ihm zu einer festen Masse zusammengeknetet. Die Straßen waren wie mit einem dicken, weichen Teppich bedeckt. Mit Schaudern dachte man: das waren Menschen wie du, das kann auch aus dir werden." Als die Nacht sich herabsenkte, stand die ganze Stadt in Flammen. „Der Brand von Smolensk," sagte der holländische General Dedem de Gelder, „hatte etwas Großartiges, die hohen Mauern, die breiten Türme, über welche die Flammen emporsprangen, stellten mir Jlium vor, in der verhängnisvollen Nacht, die Vergil so schön beschrieben hat". Und der Schlachtenmaler Albrecht Adam schreibt: „Die glühende Abendsonne vermischte ihre Strahlen mit der Glut des Brandes. Das Laub und die dichten Stämme der Birken glänzten durch wahrhaft magische Streiflichter wie vergoldet. Selbst der Rauch der Lagerfeuer erhielt durch den Wiederschein eine rötliche Farbe und gab dem ganzen Treiben in dem lichten Walde etwas Geisterhaftes."

Schon am 17. (5.) August war Barclay entschlossen einer Entscheidung aus dem Wege zu gehen. Die große Uebermacht Napoleons war unverkennbar, die Zeit des eintretenden Gleichgewichts der Kräfte noch nicht gekommen. Es mußte ihm vor Allem darauf ankommen, die reichen Vorräte für die Armee auf der Straße nach Moskau .in Sicherheit zu bringen und den Abmarsch zu verschleiern, in dem er durch fortgesetzte Gefechte den Feind über seine wahre Absicht täuschte. Bereits am 17. (5.) August war Bagration, obwohl er heftig gegen Barclay protestierte — wer Smolensk preisgebe, gebe auch Moskau preis — in der Richtung auf Solowiewa abgezogen. Die I. Westarmee folgte in der Nacht zum 18. (6.) August, erst, um die Täuschung Napoleons wirksamer zu machen, nordwärts, dann in weitem Bogen über Sykolina—Pruditschje auf die Moskauer Straße nach Solowiewa zu marschierend. Nicht ohne leidenschaftliche Szenen war der Entschluß Barclays durchgeführt worden. Der Großfürst,

Brand von Smolensk
(nach der Skizze von Christian Faber du Faur).

Bagration, der ehrgeizige Jermolow, Benningsen und andere höhere Offiziere hatten in maßlos heftiger Weise ihn zur Fortsetzung der Verteidigung von Smolensk bewegen wollen. „Ihr Vorgehen", meint Bernhardi in seinen Denkwürdigkeiten des Grafen Toll, Barclays Generalquartiermeisters, „streifte ziemlich nahe an Meuterei." Aber fügt er hinzu: „Der Zauber der gewohnten Kriegszucht wird solcher Bewegung immer Herr, wenn sie nicht auf charakterlose Schwäche stoßen — und auf die traf man bei Barclay nie." Mit ruhiger Würde und Festigkeit wies er die Generäle in ihre Schranken zurück. Dem Großfürsten aber eröffnete er, er habe dem Kaiser Schreiben von solcher Wichtigkeit zu übersenden, daß er sie nur dessen Bruder anvertrauen könne.

Unbegreiflich ist daß Verhalten Napoleons am 18. (6.) August. Statt den abgebrochenen Kampf aufzunehmen, wodurch er die Russen, deren Rückzug sich nicht eben in voller Ordnung vollzog, in ernste Gefahr gebracht hätte, ließ er den Tag nutzlos verstreichen. Er wollte erst neue Truppen heranholen und dann wieder stürmen. Als er am 19. (7.) August gegen Smolensk vorging, fand er es längst geräumt, die Fühlung mit dem abziehenden Feinde war verloren, kostbare Stunden gingen hin, ehe man ihre Rückzugslinie feststellen konnte. Die heftigen Rückzugsgefechte, so am 19. (7.) August bei Wolutina Gora, vermochten an dem Fiasko des Napoleonischen Planes nichts zu ändern. Diese Einsicht brach sich in der Armee rasch Bahn. Die Einnahme von Smolensk hob die Stimmung nicht. Uebereinstimmend sagen die Augenzeugen jener Schlachttage, der Flug der Begeisterung sei gelähmt gewesen, der Ueberdruß der Beschwerden habe sich deutlich gezeigt. Auch die Offiziere äußerten sich dahin: „Wenn wir nicht eine Schlacht komplett gewinnen, sind wir verloren.“ Napoleon selbst war in schweren Sorgen. Wieder erwog er den Plan, hier in Smolensk Winterquartier zu nehmen. Ein einberufener Kriegsrat erörterte ernsthaft die Frage. Viele sprachen gegen den Weitermarsch. Aber die Hoffnung, in dem nur etwa noch 45 Meilen in der Luftlinie entfernten Moskau den Frieden diktieren zu können, ließ die Bedenken nicht den Sieg gewinnen. Obwohl die Verhältnisse immer ungünstiger, die Verbindungen länger, die Verpflegung schwieriger wurden, der Widerstand sich verdichtete und neben die Armee das russische Volk trat, das, entflammt vom Aufruf des Zaren, die Verteidigung des heiligen Bodens mit furchtbarem Grimm in die Hände nahm — trieb ihn der grause Kriegsgott unerbittlich vorwärts. Aber die alte geniale Kraft hat ihn verlassen, sein Können steigert sich nicht mehr im Verhältnis zu den Schwierigkeiten. Die Anpassung an die neuen veränderten Lagen, das Finden der richtigen Aushilfemittel, sonst so glänzende Seiten des großen Feldherrn, hier suchen wir sie vergebens. Das Verrennen in den Frontalangriff auf Smolensk ist charakteristisch. Statt am 18. (6.) August wenigstens die Taktik zu ändern, durch einen Uebergang weiter unterhalb, etwa bei Drissa, die Russen von der Moskauer Straße abzuschneiden, bleibt er bei dem Gedanken, mit aller Gewalt in Smolensk den Uebergang zu gewinnen. „An Stelle der früheren Biegsamkeit, Frische, Anpassungsfähigkeit ist im Wesen Napoleons der Starrsinn, die rücksichtslose brutale Gewalt, getreten. Vom Glück emporgetragen, meint er, daß es keine Hindernisse mehr für ihn gäbe. So ordnet er die ungeheuer verlustreichen Frontalangriffe auf Smolensk an, die ein plumper Akt rohester Gewalt sind und nutzlos die größten Opfer kosteten.“ So urteilt Hayner. Und derselbe deutsche Offizier stellt Barclay das glänzende Zeugnis aus: „Es war begreiflich, daß die Russen nach der Vereinigung beider Armeen das Wagnis einer Schlacht eingehen wollten. Die Stimmen im Heer, im ganzen Lande, der Zar, forderten es. Aber nur zu einer Verteidigungsschlacht wollte sich Barclay vorsehen. Gegen seinen Willen wurde er zu einem Angriff auf Napoleon fortgerissen. Aber die nur mit halbem Herzen begonnene Angriffsbewegung wurde sofort eingestellt, als er den Gegenhieb des Feindes erkannte. Nach tapferem Widerstande beschloß er dann den Rückzug. Die 186,000 Franzosen, einheitlich geführt von Napoleon, waren den 113,000 Russen weit überlegen, die zu dem ohne den Vorteil der straffen Einheit des

Oberbefehls und ermüdet durch die Hin- und Hermärsche der letzten Tage waren. Unter diesen Umständen sind die Aussichten auf den Sieg der Russen gering. Freilich den unverantwortlichen Ratgebern scheint das Wagnis nicht zu groß. Aber der verantwortliche Führer des Ganzen, Barclay, kann keine Siegesmöglichkeiten herausrechnen. So wird der Entschluß gefaßt, auf Moskau zurückzugehen, Smolensk preiszugeben, nur in zähen Nachhutgefechten den Feind aufzuhalten, die Entscheidungsschlacht zu vertagen, bis zum Eintritt des Gleichgewichts der Kräfte. Man wird, besonders wenn man das größere Schlachtentalent Napoleons und die Ueberlegenheit von 64,889 Mann bedenkt, der Ueberzeugung werden, daß Barclays Entschluß richtig war. Wurde die russische Armee hier geschlagen, so war das viel empfindlicher, als wenn dies Ereignis erst tiefer im Innern des Reiches eintrat. Das Ausweichen der Russen verschaffte dem Lande die noch notwendige Zeit, die Rüstungen fortzusetzen, den Volkskrieg zu heller Flamme zu entfachen; es lockte die Franzosen tiefer in das Innere und bereitete dadurch um so sicherer ihren Untergang vor."

Welche persönliche Tragik, daß die Mitwelt diese Lage nicht erkannte, daß vielmehr gerade die Schlacht bei Smolensk dem wackern Barclay seine Stellung als Oberbefehlshaber kostete. Unter dem Druck der Volksstimme und der unverantwortlichen Generäle und Ratgeber, die sich zu deren Fürsprecher machten, hat Ende August 1812 Kaiser Alexander Barclay seiner Stellung enthoben und diese dem von den Altmoskowitern als großen Feldherrn auf den Sockel gehobenen, 67 Jahre alten Kutusow übertragen. Wir besitzen einen Brief Kaiser Alexanders I. an seine Schwester von Anfang September, in dem er sich in charakteristischer Weise über den Wechsel im Oberkommando ausspricht:

„Vermag ein Mensch sich überhaupt in seinen Schritten von etwas anderem als seinem eigenen Bewußtsein leiten zu lassen? Ich handelte nach meiner Ueberzeugung. Als ich Barclay de Tolly zum Befehlshaber der Armee ernannte, geschah es in Rücksicht auf seinen Ruf, den er sich während der Kriege mit Frankreich und Schweden verschafft hat. Die Verdienste dieses Generals gaben ihm in meinen Augen den Vorzug vor Bagration. Als dieser in dem gegenwärtigen Kriege eine ganze Reihe tiefgreifender Fehler machte, die unsere Mißerfolge nach sich zogen, verstärkte sich noch meine Ansicht über ihn, und ich hätte ihn keineswegs mit der Führung beider Armeen, die bei Smolensk vereinigt sind, betraut. Obschon ich mit vielen Handlungen von Barclay unzufrieden bin, so gestehe ich, daß seine Kriegskunst derjenigen von Bagration überlegen ist, der von der Strategie nichts versteht. Kurz, für mich kam überhaupt kein andrer in Frage.

Man hat Dir irrtümlich mitgeteilt, daß mein Adjutant Kutusow die Generäle bei mir denunziert hätte. Er kam mir, um Rapport abzulegen von dem, was in der Umgegend von Witebsk sich ereignet. Als Antwort auf die Frage, die ich selbst ihm stellte, erwiderte er, daß das Heer sowohl Barclay wie Bagration als unfähig betrachte, einen solch enormen Militärkörper zu befehligen und die Ernennung von Peter Pahlen, (der die Reiterei, die den Rückzug deckte, mit großer Bravour befehligte), dazu herbeiwünsche. Abgesehen von allem übrigem, darf man aber nicht vergessen, daß er schon 19 oder 20 Jahre lang dem Kriegsschauplatz fern ist und zuletzt nur als Brigadegeneral an der Schlacht teilnahm. Wie sollte ich mich auf ihn verlassen und worin die Gewähr seiner kriegerischen Talente finden!

In Petersburg überzeugte ich mich, daß die öffentliche Meinung für die Ernennung von Kutusow als Oberbefehlshaber des Heeres eintrat. So wie ich Kutusow kannte, vermochte ich mich anfangs nicht dafür zu entscheiden. Als aber Rostoptschin (der Gouverneur von Moskau) in seinem Briefe vom 5. August schrieb, daß ganz Moskau Kutusow an der Spitze der Armee sehen will und Barclay und Bagration gleich ungeeignet für diese Rolle erachtet, und ich selbst eine ihrer Dummheiten nach der andern sah, blieb mir nichts anders übrig, als dem allgemeinen Wunsche Folge zu leisten und Kutusow zu ernennen. Auch unter den gegenwärtigen Umständen hätte ich nichts anderes zu tun, als von drei untüchtigen Befehlshabern den zu wählen, zu dem die Mehrheit Vertrauen hat."

Barclay selbst kam die Enthebung vom Kommando unerwartet. Er hatte die Armee mit Geschick auf der Straße nach Moskau weiter zurückgeführt, eine Zeitlang von Napoleon, der in Smolensk längere Rast machen mußte, um die schwer mitgenommene Armee wieder in Stand zu setzen, nicht verfolgt. Barclay hatte den Gedanken, an geeigneter Stelle sich von Neuem zur Wehr zu setzen, nicht aufgegeben, seine Generalstabsoffiziere hatten auch zwei leidlich geeignete Stellungen aufgefunden: die eine bei Dorogobusch, 85 Werst östlich von Smolensk, die andere etwa dieselbe Strecke weiter gelegen bei Gschatsk. Bei Dorogobusch versagt Bagration aber seine Mitwirkung, so laut er bisher auf Kampf gedrungen hatte, und so geht der Rückzug weiter über Wjasma auf Gschatsk. Hier traf am 29. (17.) August Kutusow bei der Armee ein. Barclay und Bagration waren ihm untergeordnet. In einem würdigen Schreiben an seinen Kaiser schrieb Barclay damals: „Ich bin nicht gesonnen mich jetzt, wo die entscheidenden Augenblicke herannahen, über die Operationen der Armee, die mir anvertraut war, weitläufig zu erklären. Der Erfolg wird lehren, ob ich irgend etwas Besseres für die Rettung des Reiches hätte tun können. Wenn ich mich durch blinden törichten Ehrgeiz leiten ließ, dann vielleicht hätten Eure Kaiserliche Majestät Berichte von Schlachten empfangen, und dennoch befände sich der Feind unter den Mauern von Moskau, ohne einer Macht zu begegnen, die hinreichend und im Stande wäre sich ihm zu widersetzen." „Jeder treue und redliche Diener seines Herrn und des Vaterlandes," fügte er hinzu, „muß bei der Nachricht, daß ein neuer Oberbefehlshaber über die sämtlichen Heere ernannt ist, bevollmächtigt alle Operationen auf eine Zeit zu leiten, eine wahrhafte Freude empfinden. Ich bete zum Himmel, daß der Erfolg den Absichten Eurer Kaiserl. Majestät entsprechen möge. Was mich betrifft, so wünschte ich nichts Anderes als mit Aufopferung meines Lebens meine Bereitwilligkeit zeigen zu können, dem Vaterlande in jedem Rang und in jeder Stellung zu dienen."

Bei Borodino bewies dann dieser tiefgekränkte, redlich gesinnte Ehrenmann, daß dies nicht leere Worte waren.

Ohne Vertrauen seines Herrschers, seines Volkes, seiner Armee konnte in der Tat Barclay de Tolly nicht länger bleiben, sein Rücktritt, so wenig er objektiv nötig war, wurde durch die Umstände zur Notwendigkeit. Noch am 19. August hatte Bagration an Alexanders militärischen Hauptratgeber den General Araktschejew geschrieben, Napoleon sei in Smolensk in der Falle gewesen: „Ich bin nicht schuld, daß der Minister (Barclay) unentschlossen, feige, töricht, langsam in seinen Handlungen ist und alle schlechten Eigenschaften besitzt. Die ganze Armee wehklagt und schimpft auf ihn." Ja er fährt fort: „Einen großen Verdacht hat die ganze Armee gegen den Herrn Flügeladjutanten Wolzogen. Er, sagt man, ist mehr für Napoleon als für uns und er ist es, der dem Minister alle Ratschläge giebt."

Nun war der Wunsch der Altmoskowiter in Erfüllung gegangen. Ihr Held, Kutusow, ein Schüler des großen Suworow, stand an der Spitze der Soldaten. Ohne Zweifel wußte er es weit besser, wie man den Weg zum Herzen der Armee, des Volkes fand. Das Urteil über ihn dürfte heute fest= stehen, aber es hat, da es mitten in den politischen und nationalen Streit hineingezogen wurde, lange hin und her geschwankt. Vielleicht war er der einzige, den der Kaiser damals berufen konnte. Wollte er schon der öffentlichen Stimme folgen, so konnte er wohl kaum einen andern wählen als Kutusow: er galt im Heere etwas, obwohl er bei Austerlitz gegen Napoleon verloren und seitdem eine Scheu vor seinem Ueberwinder hatte, und durfte sich von früher her auch manches Erfolges rühmen. „Er war auch" — so schreibt Bernhardi — „im Rang älter als alle angestellten Generäle, so daß seine Autorität nie schwankend sein oder gar angefochten werden konnte — und was in diesem Augenblick eine ganz besondere Wichtigkeit hatte: er war ein National= russe. Man darf sagen, als der einzige Mann slawischen Blutes und russischen Namens, von dem überhaupt die Rede sein konnte, war er sogar unabweisbar notwendig geworden." Freilich, daß er der schweren Situation nun auch voll gewachsen gewesen, über die eminenten militärischen Gaben verfügt hätte, die sie erforderte, wird man nicht behaupten können. Kaiser Alexander, bei dem er in Ungnade war, sodaß er auf seinen Gütern lebte und eben erst nach Petersburg gekommen war, als ihn der Adel zum Führer der Milizen erwählt hatte, hielt, wie der Brief beweist, von ihm als Strategen nicht gerade viel. Es kam noch hinzu, daß er, dem man früher einen feinen, gewandten und listigen Geist nachrühmte, der in seiner Jugend ein tüchtiger Haudegen gewesen war und Geistesgewandtheit mit Klugheit und List verbunden hatte, über seine Jahre hinaus gealtert war und daß bei ihm ein bis zum Fatalismus gehender Mangel an Entschlußkraft lähmend zu Tage trat. Und gewiß hat Bernhardi auch darin recht, wenn er betont, daß ihm die Größe des Charakters, die sittliche Stärke, die Barclay eigen war, mangelte, daß er oft Persönliches im Auge hatte und die Gewalt des geschichtlichen Augenblicks nicht erkannte. Auch der preußische General Clausewitz, der geniale Theoretiker, der damals in russischen Diensten

Michael Jlarionowitsch Golenischtschew=Kutusow, Fürst Smolenski, ruß. Feld=
marschall, geb. 16. Sept. 1745, gestorben 28. April 1813. Zeichnete sich jung in den Türken=
und Polenkämpfen aus, verlor bei Aluchta 1774 ein Auge. 1787 nahm er teil an der
Erstürmung von Otschakow, Bender, Jsmail, kämpfte als unzertrennlicher Begleiter Suworows
mit Bravour in dessen Feldzügen. 1793 wurde er Gesandter in Konstantinopel, später in
Berlin. 1801 wurde er nach Pauls Tode Generalgouverneur von Petersburg. 1805 wurde
er bei Austerlitz, wo er den Oberbefehl hatte, verwundet. Von 1806—11 Generalgouverneur
von Kiew und dann von Wilna, erhielt er 1811 den Oberbefehl gegen die Türken, wurde Fürst
und löste nach dem Bukarester Frieden Barclay de Tolly ab. Die Schlacht bei Borodino
brachte ihm die Feldmarschallswürde ein. Für seinen Sieg bei Smolensk über Davout
und Ney im Nov. 1812 wurde ihm der Beiname Smolenski verliehen. 1813 übernahm er
den Oberbefehl über die russisch=preußische Armee, starb aber zu Beginn der Feldzüge zu
Bunzlau.

stand und Kutusow wohlgesinnt war, sagt: „Ein Verhältnis, wie das jetzige, an der Spitze der ganzen Kriegsmacht, mehrere Hunderttausende gegen Hundert= tausend auf ungeheuren Räumen zu lenken und mit der ganzen aufgebotenen Nationalkraft des russischen Reiches dieses ganze Reich zu retten oder zu ver= lieren — das waren Verhältnisse, in denen sich der Blick seines Geistes nicht geübt hatte und denen seine natürlichen Anlagen ebensowenig gewachsen waren." Man hat vielfach auf das Schauspielerische seines Wesens hingewiesen. Und in der Tat, er mußte, daß, um Eindruck auf die Massen zu machen, er sich als „fixer Kerl", was der Russe mit dem unübersetzbaren Wort „Molodetz" bezeichnet, geben mußte. Wie er am 29. August in Gschatzk bei der Armee erschien, in neuem Uniformrock ohne Epaulettes, eine weiße, rot eingefaßte Lagermütze ohne Schirm auf dem Kopf, die Schärpe über eine Schulter, eine Kosakenpeitsche über der andern, auf einem Schimmel, der in nationaler Weise nur auf eine leichte Trense gezäumt war, da jubelte ihm Alles zu, und bald ging die Kunde um, ein mächtiger Adler habe hoch in den Lüften über des greisen Feldherrn Haupt geschwebt und ihn sogar so durch das ganze Heer begleitet. Nun mußte alle Not ein Ende haben; was Barclay gesündigt hatte, würde Kutusow zu Sieg und Glück führen. Man wurde auch nicht stutzig, als Kutusow, obwohl er ruhmredig verkündet hatte, das Zurückgehen höre auf, es doch nicht wagte, in der von Barclay ausgesuchten Stellung bei Gschatzk Stand zu halten, sondern den weiteren Rückzug nach Borodino befahl.

---

### III.

### Die Schlacht bei Borodino und die Einnahme von Moskau.

Napoleon war erst am 25. (13.) August von Smolensk aufgebrochen, nachdem er seiner Armee bis zum 22. (10.) August Ruhe gegönnt hatte, deren sie so sehr bedurfte. Mit rund 300,000 Mann war er über den Njemen gegangen, knappe 150,000 Mann hatte er noch um sich, als er von Smolensk aufbrach, 500 Werst etwa war er nach Rußland hineingezogen, 400 hatte er noch bis Moskau vor sich. Mit tiefer Sorge schaute er auf die Lage, in der er sich befand. Er mußte damit rechnen, daß im Oktober der Winter einsetzen werde. So erwog er immer wieder, ob es nicht richtiger wäre in Smolensk stehen zu bleiben. Aber er konnte sich nicht dazu entschließen. In Moskau erst meinte er Alexander den Frieden diktieren zu können. Während Murat, der kühne Reiterführer, den Russen folgte und die Fühlung mit ihnen behielt, rückte die Hauptarmee in ruhigem Vormarsch bis vor Borodino, wo 110 Werst vor den Toren Moskaus Kutusow sich entschlossen hatte, eine Verteidigungsschlacht zur Rettung der heiligen Stadt zu schlagen. Bei Gschatzk machte Napoleon noch einmal drei Tage Rast, er holte die noch zurückstehenden Kolonnen heran, ließ den Beschlag erneuern, kurz er traf alle Maßnahmen, um mit dem Feinde die so lang ersehnte Abrechnung zu halten. Am 4. Sept. (23. Aug.) beginnt Murat mit den Russen lebhafte Scharmützel zu schlagen, bei Schewardino nehmen die Franzosen eine von den Russen viel zu lange gehaltene vorgeschobene Stellung.

Kutusow hatte die beiden von Barclay und Bagration geführten Armeen zu beiden Seiten der großen Smolensk-Moskauer Straße aufgestellt. Der rechte (nördliche) Flügel, den Barclay befehligte, war an die Moskwa angelehnt. Vor der rechten Hälfte zog sich die Kolotscha hin; in der Mitte der Stellung hatten die Russen die große, aber dürftig ausgebaute und bestückte Rajewski-Schanze errichtet. Der linke, von Bagration befehligte Flügel, an Zahl weit schwächer, wurde durch 2 oder 3 Schanzen bei Ssemenowskoje verteidigt. Die Reserven standen hinter der Kolotscha. Die ganze russische Aufstellung mochte fast 9 Werst lang sein. Der linke Flügel war zweifellos der schwächste Punkt der Aufstellung. Um den Mut der Soldaten zu heben, war auf Kutusows Geheiß am 6. September (25. August) abends ein Wunder-tätiges Marienbild, aus Smolensk gerettet, mit allem kirchlichen Pomp feierlich durch die ganze Stellung geführt worden. Eine Proklamation rief die Soldaten auf, zum Schutze des Vaterlandes und der Kirche ihre Pflicht zu tun. Auch Napoleon erließ eine Proklamation in der Frühe des 7. September (26. August): „Die Stunde der Schlacht, die Ihr so lange ersehnt habt, sie ist gekommen! Soldaten! Der Sieg ist notwendig! Er wird Euch Ueberfluß, gute Winter-quartiere und eine gesicherte Heimkehr geben. Schlagt Euch wie bei Austerlitz, bei Friedland, bei Witebsk und Smolensk, auf daß kommende Geschlechter mit Begeisterung Eure Haltung an diesem großen Tage lesen: auf daß man von uns sage, die Armee habe sich wacker gehalten in dieser Schlacht unter den Mauern von Moskau!"

Davout riet dem Kaiser mit den Hauptkräften den schwachen, gleichsam in der Luft stehenden südlichen, linken Flügel der Russen zu umfassen und so die Armee über die Smolensk-Moskauer Straße nach Norden aufzurollen. Aber Napoleon fürchtete offenbar, daß Kutusow bei so starker Gefährdung seiner Rückzugslinie vorzeitig entweichen würde. Er entschloß sich zu einem Frontalangriff auf Bagration und die Rajewski-Schanze, wobei er in Ansehung der Ebene die Kavallerie in ungewöhnlichem Umfange verwendete. Davout, Ney, Junot und Murats Kavallerie erhielten Befehl den Hauptangriff auszuführen, während kleinere links und rechts unternommene Umgehungs-manöver nur den Zweck hatten, den Feind in seinen Positionen festzuhalten und zugleich ihn durch Abgabe von Truppen an die bedrohten Punkte zu schwächen. Poniatowski mit den Polen operierte in diesem Sinne rechts, Eugen Beauharnais links von Borodino. Den ganzen Stoß hatte Bagration auszu-halten. Die Russen, die überall in ungemeiner Tiefe und in dichten Kolonnen aufgestellt waren, schlugen sich brillant, immer wieder wurden die Feinde, trotz ihrer Ueberzahl, zurückgeworfen. Berge von Leichen türmten sich vor und in den Redouten auf. Aber auf die Dauer vermochte Bagration der Uebermacht doch nicht Stand zu halten. Selbst durch eine Kartätsche tötlich verwundet, von Kutusow, der, von körperlichen Schmerzen gepeinigt, fatalistisch die Dinge ihren Gang gehen ließ, „wie einer, der nicht weiß, wo ihm der Kopf steht," ohne wirksame Hilfe gelassen, wurde er aus den Schanzen langsam hinausgedrängt. Auch die Rajewski-Schanze bei Borodino ging in die Hände der Franzosen über. Der Tod hielt grause Ernte: ohnmächtig war Bagration fortgetragen worden, der Chef des Generalstabes Graf Priest, der Fürst Gortschakow, die Divisionsgeneräle Tuschkow, Prinz Karl von Mecklenburg, Newerowski waren schwer verwundet. Die Hälfte der Brigadegeneräle und der Obristen waren tot oder verwundet. Ein Augenzeuge beschreibt den Eindruck, den die gewonnene Rajewski-Schanze machte, also: „Was die Phantasie sich Entsetzliches denken kann, — es ward durch das, was man hier sah, übertroffen. Menschen, Pferde, Lebende, Verstümmelte, Tote — aber sechs bis achtfach über einander — deckten weit und breit die Avenuen zu derselben, hatten die Gräben ausgefüllt und lagen ebenso im Innern übereinander." Barclays Flügel war nicht in gleichem Maße gefährdet; zwar wogte auch hier der Kampf mit furchtbarer Erbitterung, aber es gelang doch, dem Vordringen der Feinde Halt zu gebieten. Aber wie lange noch? Wenn es den Franzosen glückte, die entscheidende Stellung bei Semenowskoje zu besetzen, mußte nicht nur die II. Westarmee über den Haufen gerannt, sondern auch Barclay in Gefahr kommen umklammert zu werden. Dumpf rollte der Kanonendonner über das Schlachtfeld, das in dichten Pulverdampf gehüllt war. Die russischen Truppen, vielfach ohne jede Deckung und in dichtgeschlossenen Kolonnen eine Zielscheibe sonder gleichen bietend, litten furchtbar durch die französische Artillerie: das litauische Garderegiment verlor in kaum einer Stunde 953 Mann von 1733! Barclay, der vormittags hierher geeilt war, fand „Alles in heftigem Gefecht, die Truppen erschüttert und in Unordnung, alle Reserven bereits im Gefecht." Er entschloß sich, ohne erst Kutusow zu fragen, wenigstens die Rajewski-Schanze, die jenseits der Kolotscha seinen rechten Flügel schützte, wieder zu erobern und warf, was er an Truppen heranziehen konnte, gegen den Feind. Die geschlossenen Bataillone rückten in großer Ordnung unter Trommelschlag vor und warfen die Franzosen mit großartiger Bravour aus den Befestigungen heraus. Mit schweren Verlusten wurden sie von der Höhe fortgedrängt, einige französische Kanonen genommen, der General Bonami gefangen. Ein schöner Erfolg, der freilich dadurch stark eingeschränkt wurde, daß um dieselbe Zeit etwa die neuerkämpfte Stellung von Semenowskoje von Davout und Ney mit stürmender Hand genommen wurde. Ein Glück war es für das russische Heer, daß die Reiterangriffe, die noch immer herüber und hinüber gingen, das Feuer der zahlreichen Batterien, der Pulverdampf die Zerrüttung des ganzen Flügels nicht in ihrem vollen Umfang erkennen ließen. Es kam hinzu, daß auch Ney und Davouts Truppen schwer gelitten hatten und ohne weitere Unterstützung, nichts Entscheidendes zu tun wagten. Sie hatten Mühe, sich der wütenden Angriffe der Russen, die Prinz Eugen von Württemberg herbeiführte, um das Verlorene wieder zu gewinnen — „einen Schritt in die Hölle" nennt er den Vormarsch — abzuwehren.

Um die Schlacht zur Entscheidung zu bringen, ordnete Napoleon um etwa 2 Uhr nachmittags einen neuen mächtigen Angriff auf die Rajewski-Schanze an. Mächtige Reiterabteilungen stürzten sich auf sie, während Barclay die letzten verfügbaren Kavallerieregimenter, Chevalier=Garde und Garde zu Pferde, ihnen entgegenführte. In dem Getümmel des Reiterkampfes geriet Barclay mit seinem Gefolge in die größte Gefahr: er mußte den Degen ziehen, um sich zu verteidigen; sein Adjutant, Graf Lamsdorff, wurde neben ihm erschossen. Unterdessen nahm der Vizekönig Eugen von der Schanze von neuem Besitz. Es war später als drei Uhr geworden, und die Schlacht erstarb gleichsam allmählich in Folge gänzlicher Ermüdung. „Es ist mir immer merkwürdig ge= blieben", bemerkt Clausewitz, „wie sie nach und nach den Charakter der Ermüdung und Erschöpfung annahm. Die Infanteriemassen waren so zusammengeschmolzen, daß vielleicht nur ein Dritteil der ursprünglichen Massen noch im Gefecht war. Die übrigen waren tot, Verwundete brachten Verwundete zurück, oder sammelten sich hinten. Die ungeheure Artillerie, die von beiden Seiten nahe an 1000 Stück ins Gefecht gebracht hatte, ließ sich. nur in einzelnen Schüssen noch hören und selbst diese Töne schienen nicht mehr den ursprünglichen, donnernden, kräftigen Ton zu haben, sondern ganz matt und heiser zu klingen. Die Kavallerie hatte fast überall die Plätze und Stellungen der Infanterie eingenommen und machte ihre Anfälle in einem müden Trabe, indem sie sich hin und her trieb."

So waren zwar die Russen auf dem linken Flügel geschlagen und die Reste des Flügels von dem rechten Flügel aufgenommen worden, aber eine eigent= liche Entscheidung war noch nicht erfolgt. Bei der allgemeinen Ermattung mußte sich die Wage des Sieges. langsam auf die Seite dessen neigen, der das Gewicht der größern Massen, die konzentrische Feuerwirkung der Angriffswaffen mit der planvollen und geschickten Führung verband. „Es sind die Generäle, die sich eine Reserve bis nach der Schlacht aufheben, diejenigen, die in der Schlacht geschlagen werden," hat Napoleon selbst gesagt. Diesem Wort wird er bei Borodino untreu. Noch hatte er etwa 20,000 frische Gardetruppen, die bisher in die Schlacht nicht eingegriffen hatten. Wenn er sie jetzt in den Kampf warf, so hätte er den Vollsieg, ja wohl die Vernichtung der russischen Armee herbeiführen können. Aber der starke Siegeswille fehlte ihm bei Borodino. Vergeblich bestürmten ihn Ney und Davout; leidend und erkältet, wie er war, vermochte er den Entschluß, Alles auf die eine Karte zu setzen, nicht zu fassen. Er mochte wohl fürchten, dann zur Fortsetzung des Krieges nicht mehr stark genug zu sein. „Bisher", sagt Hayner treffend, „hatte er nur rückhaltlose Kraft= verschwendung getrieben, jetzt fängt er in einem Augenblick an Menschen zu schonen, wo der Einsatz höchste Weisheit ist."

So kam der von Vielen heiß ersehnte Abend. Barclay hatte sich durch seinen Adjutanten Wolzogen von Kutusow Verhaltungsmaßregeln erbeten und den Befehl erhalten, eine feste Stellung mehr nordwärts bei Gorki einzunehmen. Offenbar war Kutusow am Abend des 7. Sept. (26. Aug.) entschlossen, am kommen= den Tage die Schlacht zu erneuern, und auch Barclay glaubte, das Wagnis unter= nehmen zu können. Aber ein nächtlicher Ritt, den Graf Toll, Kutusows Adjutant, an der Frontlinie machte, wo die ermatteten, unvollständig gesammelten Truppen ruhten, überzeugte diesen, daß die Truppen dazu nicht imstande waren. Die Verluste an Menschenleben waren zu groß, die Stimmung zu wenig hoffnungs=

voll. Hatte doch die II. Armee in einem halben Tage drei Fünfteile ihrer Mannschaft verloren und zählte nur noch 12,000 Mann, darunter nur 8000 Fußvolk. Aber auch die I. Armee hatte ungeheure Verluste: an Toten 9252 Mann, darunter 3 Generäle, 28 Stabs= und 185 Oberoffiziere, an Verwundeten 19,226 Mann, unter ihnen 14 Generäle, 198 Stabs= und 1025 Oberoffiziere, an Vermißten 1 General, 3 Stabs=, 43 Oberoffiziere und 10,028 Mann. Der Gesamtverlust der ersten Armee bezifferte sich auf 38,506 Mann. Rechnet man die Verluste der II. Armee auf 20,000 Mann, so kommen wir auf die entsetzliche Zahl von 59,000 Mann Gesamtverlust. Der französische Verlust war auch ungeheuer: 49 Generäle, 37 Obersten waren tot oder verwundet, an Offizieren und Untermilitärs zählte man 6547 Tote, 21,453 Verwundete, also im Ganzen 28,086 Mann. Barclay, obwohl immer nach seiner Art dort, wo es am heißesten herging, blieb verschont. Fünf Pferde wurden unter ihm erschossen, zwei seiner Adjutanten fielen, mehrere wurden schwer verwundet, er selbst blieb unverletzt. Bagration, der ihn so oft befehdet und den nun die tötliche Kugel getroffen hatte, sandte ihm durch einen Adjutanten eine Botschaft der Versöhnung. Nur schweren Herzens folgte Barclay dem von Kutusow in der Nacht an ihn ergangenen Befehl, am 8. September (27. August) früh die Truppen auf der Straße nach Moskau zurückzuführen.

So schloß der blutige Tag von Borodino am 7. September (26. August). Hayner faßt das Resultat in diesen Satz zusammen: „Trotz der hohen Opfer hat die Schlacht ihren Zweck für beide Teile nicht erfüllt. Sie sollte Moskau retten. Das hat sie nicht getan. Napoleon aber hat sie aufs empfindlichste geschwächt, ohne dadurch den Gegner völlig niedergeworfen, ohne ihn vernichtet zu haben. Mit einem gewöhnlichen Siege war ihm in seiner Lage aber nicht gedient. Er mußte wahrscheinlich noch eine zweite Schlacht wagen, um einen ehrenvollen Frieden zu erlangen. — Die Erreichung von Moskau wird zur Notwendigkeit."

Erst am 9. Sept. (28. August) folgte Napoleon den in fester Haltung geradewegs auf Moskau zurückgehenden Russen. Er hatte alle Kräfte herangezogen, um so stark wie möglich dort einzuziehen. Wer nur irgendwie konnte, schleppte sich mit der Hoffnung, in Moskau am Ende aller Leiden zu sein. Kutusow noch einmal zur Schlacht zu stellen, gelang ihm nicht. Bei Fili, dicht westlich von Moskau, wollte dieser zwar den Kampf noch einmal wagen, aber in letzter Stunde entschloß er sich zur Preisgabe von Moskau, das ernstlich zu behaupten wohl schon lange nicht mehr beabsichtigt war. Vielmehr ist offenbar früh ins Auge gefaßt worden, die heilige Stadt den Flammen zu übergeben, wenn eine Verteidigung mit den Waffen sich als unmöglich erweisen sollte. Schon am 24. (12.) August nach der Schlacht bei Smolensk hatte der Gouverneur von Moskau, der Graf Rostoptschin, an Bagration geschrieben: „Die hiesige Bevölkerung ist aus Treue zum Zaren und aus Liebe zum Vaterlande entschlossen, unter den Mauern von Moskau zu sterben, und wenn Gott uns nicht günstig ist, so wird die Stadt in Flammen aufgehen und Napoleon soll anstatt reicher Beute nur einen Aschenhaufen der russischen Hauptstadt finden." Aehnliche Aeußerungen sind uns von verschiedenen Personen überliefert, es war die Stimmung, die hoch und niedrig beseelte. In den ersten Tagen des Septembers (Ende August) begann, in Erkenntnis des Kommenden, eine allgemeine Auswanderung der Einwohner aus Moskau. Am Tage der Schlacht von Borodino hatte zwar Rostoptschin in einer Proklamation erklärt, er stehe mit seinem Leben dafür, „daß die Bösewichter nicht bis Moskau kommen würden", und pathetisch geschlossen, wenn die aktive Armee nicht ausreiche, um die Elenden zu vernichten, dann sage er: „Nun, Moskauer Drushinen, wollen wir auch marschieren, und ich werde 100,000 junge Männer mit 150 Geschützen ausrücken und die Sache mit beendigen helfen." „Eine gute Axt ist eine gute Waffe", hieß es in einer zweiten Proklamation vom 11. Sept. (30. August), „keine schlechte der Spieß, die beste aber ist die dreizackige Gabel, denn die Franzosen sind nicht schwerer als die Korngarbe!" Je näher die Franzosen heranrückten, desto fanatischer wurde die Stimmung und, obwohl die vom Lande durch die Stadt Flüchtenden, die Züge der Verwundeten über den Ernst der Lage nicht im Zweifel lassen konnten, stachelte Rostoptschin die Leidenschaften durch seine letzte Proklamation vom 1. (13.) Sept. aufs neue an: „Brüder, unsere Streitmacht ist groß und zahlreich und bereit, in der Verteidigung des Vaterlandes das Leben zu opfern und den Bösewicht nicht nach Moskau herein= zulassen. Es ist eine schwere Sünde, die Seinigen im Stich zu lassen. Moskau ist unser Mütterchen. Es hat uns getränkt, ernährt, bereichert. Ich rufe Euch auf im Namen der Mutter Gottes zur Verteidigung der Tempel des Herrn, Moskaus und des russischen Bodens. Bewaffnet Euch, wer und wie ein jeder es kann, zu Pferde, zu Fuß. Nehmt nur Brot für drei Tage mit; kommt mit dem Kreuze, nehmt die Paniere aus den Kirchen und versammelt Euch mit diesen Zeichen sogleich auf den 3 Bergen. Ich werde mit Euch sein, mit Euch zusammen den Feind auszurotten; höchster Ruhm gebührt denen, die nicht zurückbleiben, ewiges Gedenken denen, die da fallen, wehe am jüngsten Tage denen, die sich lossagen sollten!" Eine ungeheure Aufregung bemächtigte sich des Volkes, das sich in den Arsenalen bewaffnete und am 14. (2.) September vor Rostoptschins Wohnung erschien und von ihm verlangte, gegen den Feind geführt zu werden. So groß war die Erregung der Massen, daß Rostoptschins Leben in Gefahr geriet und er nur mit Mühe entfliehen konnte. Im Ernst an einen Kampf des Volkes gegen Napoleon wird er schwerlich gedacht haben, es kam ihm vor Allem darauf an, den Siedepunkt der patriotischen Gefühle zu erzeugen, der ihm für die kommenden Tage nötig war: Die Bauern sollten wissen, „was sie zu tun haben, wenn der Feind Moskau besetzt." Im Lager von Fili, in das er geeilt war, sprach er Generälen gegenüber offen aus, daß die alte Zarenstadt nun den Flammen übergeben werden müßte. Zu General Jermolow sagte er direkt: „Wenn Ihr Moskau im Stich laßt, so wird es hinter Euch in Flammen aufgehen." Wie von einem fanatischen Rausche getragen, trifft er alle Vorkehrungen, er läßt die Feuerspritzen aus der Stadt entfernen, dann öffnet er die Pforten der Gefängnisse. Nach französischer Quelle soll er den Entlassenen dabei gesagt haben: „Ihr habt wohl dumme Streiche gemacht, aber Ihr könnt sie sühnen, indem ihr jetzt dem Vaterlande dient." Kurz bevor er selbst Moskau verließ, gab er Befehl Branntwein= und Weinfässer auf die Straßen zu bringen und zu zerschlagen. Der Pöbel fiel über das köstliche Naß her und betrank sich sinnlos. Während alle besitzlichen Elemente, ihr Hab und Gut nur teil= weise mit sich führend, von Moskau auf der Straße nach Rjasan abzogen, blieb das Element zurück, dessen Rostoptschin für die sich vorbereitende Kata= strophe bedurfte. Seit dem 13. (1.) September zogen auch die Truppen in langen Zügen durch die Stadt, nicht ohne daß sich arge Plünderungsszenen unter dem Einfluß des überall fließenden Branntweins und in Folge der Auf= forderung der Kaufleute des Basars, lieber zu plündern, als die Lebensmittel in Feindeshand fallen zu lassen, ereignet hätten. Als die Arrieregarde des russischen Heeres am späten Vormittag des 14. (2.) September die Stadt verlassen hatte, brach die Ordnung vollends zusammen; der Pöbel begann eine allgemeine Plünderung. Auch Brandstiftungen fielen schon vor. Eduard von Löwenstern, der unter Graf Pahlen diente, schildert jene Stunden also: „Vollgeladene Kutschen und Fuhrwagen, Droschken, mit Pferden und Ochsen bespannt, Reiter und Fußgänger drängten und stießen sich mit Geheul und Wehklagen in buntem Gewühl durch einander. Weiber, Kinder und Greise, die seit 20 Jahren ihren Sorgenstuhl nicht verlassen hatten, schleppten sich keuchend, ihre geringe Habe auf dem Rücken, durch die wogende Menge. Betrunkene Soldaten, freigelassene Bösewichter und Gesindel stürmten einige Kabaks und jubelten bei den zerschlagenen Branntweinfässern. Kaufleute warfen ihre Waren in die Moskwa, entlegene Buden und Häuser wurden geplündert. Man konnte sein Auge wenden, wohin man wollte, überall sah man die größte Not, Verzweiflung, Unordnung oder die abscheulichste Ruchlosigkeit."

Am frühen Nachmittag desselben Tages rückte Murat, den der russische General Miloradowitsch in listiger Weise durch die Zusage, ihm ohne Kampf Moskau zu überlassen, so lange aufgehalten hatte, bis die Hauptarmee längst auf der Straße nach Rjasan abmarschiert war, in die Stadt ein. Drei Reiter= regimenter durchzogen die Stadt der Länge nach und stellten sich auf der Straße nach Rjasan auf. Ihnen nach rückten die Kerntruppen (die alte und junge Garde), die im Kreml und den umliegenden Handelsstadtteilen Quartier nahmen, während das Gros der Armee noch vor den Mauern der Stadt Biwak schlagen mußte.

Napoleon hatte rechts auf dem Felde nahe der großen Straße im grauen Ueberrock auf seinem Schimmel den beginnenden Einmarsch beobachtet. „Er war", schildert ein Württemberger, „heute bis zur vordersten Spitze der Avantgarde gekommen, mit ihm ein kleines Gefolge, und an seiner linken Seite ging ein langer polnischer Jude in seiner Nationaltracht. Ersterer hatte seine Blicke auf die jetzt noch näher vor uns liegende Hauptstadt gerichtet, und letzterer machte Deutungen und Explikationen, die sich auf gewisse Punkte der Stadt zu beziehen schienen." Während Murat dann in das menschenleere Moskau einzog, wartete der Kaiser auf die Moskauer Notabeln, die ihm die Schlüssel der Stadt überbringen, wohl gar um Frieden bitten sollten. Wer kennt das stimmungsvolle Bild von Weretschagin nicht, Napoleon auf Moskau, das im Dunst vor ihm liegt, blickend und ungeduldig die Abgesandten erwartend, die nicht kamen. Um ihn das Gefolge, verlegen und erregt. „Da kann er lange warten", bemerkte ein Offizier, „der Russe wird eher nach Sibirien ausreißen, als Frieden machen." Endlich brachte man, um den Schein zu wahren, eine Anzahl russischer Kaufleute zusammen, die von Napoleon dann auch gnädig empfangen wurden. Welchen Eindruck gerade dieser Moment auf die Zeitgenossen gemacht, dafür spricht die phantasievolle Schilderung, die wir in den „Skizzen" des rigaschen Oberpastors Grave finden: „Unterdessen erwartet der Sieger, umgeben von seinen vornehmsten Sklaven, in der Vorstadt an dem Smolenskischen Schlagbaum, eine Deputation von den ersten Behörden, erwartet die Schlüssel der Stadt, ist bereit, Großmut zu versprechen und die hergebrachten Formeln von seiner Liebe für die Völker und den Frieden, von herrschsüchtigen, treulosen Fürsten, die er allein bekämpfe, von Ordnung und Sicherheit zu wiederholen und dem Moniteur glänzenden Stoff zu Beschreibungen zu liefern. Zwei lange Stunden, bis zwei Uhr nachmittags, ziehen hin, niemand meldet sich. Da befiehlt er einem polnischen General, für die Deputation zu sorgen. Dieser treibt einen Menschen auf, der ihm wenigstens die Regierung, das Rathaus, die Polizei, den Palast des Generalgouverneurs zeigen kann, aber nur diese, denn nirgends findet sich eine obrigkeitliche Person und mit der trostlosen Botschaft: die Stadt ist öde, muß er zu dem Sieger. So wenig Begierde, den größten Mann der Zeit zu sehen, mußte ihn billig in Erstaunen setzen, so wenig Ehrfurcht billig seinen Zorn erregen, und wütend stieß er aus: Empfängt man so den Kaiser! und mit gerechtem Unwillen schmäheten seine Diener und Freunde diesen Mangel an Lebensart."

Napoleon hatte die Nacht dann in einem Landhause vor den Toren zugebracht und erst am nächsten Morgen sein Hauptquartier im Kreml aufgeschlagen. Schon in der Nacht vom 14. (2.) zum 15. (3.) September hatte es an verschiedenen Stellen zu brennen angefangen, am 15. (3.) Sept. griff das Feuer immer heftiger um sich. Gleichzeitig und an verschiedenen Stellen sah man die gierigen Flammen emporlecken. Hier und da wurden Brandstifter ertappt und erschossen. Es war klar, es war Plan in der Sache. „Immer dichter", schildert Lenz in knappen Sätzen, „wuchsen die Flammen zusammen. Der Himmel verbündete sich mit der grausigen Tat des Patriotismus. Ein rasender Nordost jagte das Flammenmeer über die Holzhäuser der Stadt hin und auf den Kreml zu, wo der Kaiser seit kaum 24 Stunden residierte. Durch das Gewirr der Gassen kam er hinaus auf ein nahes Lustschloß. „Welch ein entsetzliches Schauspiel", rief er aus, „sie sind es selbst! Es sind die Scythen!" Unbeschreiblich war der Eindruck der brennenden Stadt auf alle. „Das Ungeheure, daß die Russen ihr heiliges Moskau den Flammen geopfert, um uns seine Hilfsmittel zu entziehen, lag lähmend auf uns allen," schreibt ein deutscher Offizier. „Auch nicht ein Soldat," bemerkte ein anderer, „wird in der Armee sein, welcher nicht fühlt, daß Alexander keinen Frieden mit Napoleon machen kann." Und ein Major hörte seine Leute sagen: „Diese brennende Stadt beleuchtet das Ende des Kaisers und der großen Armee, wenige von uns werden so glücklich sein, den Rhein wieder zu erreichen."

In drastischer Weise spiegelt sich der Kontrast zwischen dem Erhofften und

Moskau 1812 (Zeitgenössischer Stich).

der furchtbaren Katastrophe in den Aufzeichnungen eines jugendlichen Krefel-ders Karl Schehl wieder, der mit übervollem Herzen von der Höhe des soge-nannten Spielberges auf das märchenhafte, kuppelreiche, goldene Moskau geblickt und alle Not vergessend frohlockt hatte, er habe nun Moskau,. das Ziel aller Wünsche erreicht. Lassen wir ihm das Wort:

„Denjenigen würden wir unbedingt für verrückt erklärt haben, der uns in diesem Augenblick gesagt hätte: „Binnen weniger als acht Tagen wird diese prachtvolle Stadt mit ihren unermeßlichen Reichtümern von Lebensmitteln, Waren und kostbaren Mobilien aller Art, tot und verbrannt daliegen, und ihr werdet wieder, wie zuvor, unter Gottes freiem Himmel kampieren und hungern müssen."

Wir werden in Sektionen aufgestellt, marschieren auf der schönen, breiten Chaussee, ohne einen einzigen Feind anzutreffen, unserem Dorado entgegen und erreichen das eiserne Gittertor, dessen Hausteinpfeiler zwei große Doppel= adler von Bronze tragen. Dicht vor diesem Tore, zu unserer Linken, steht der Kaiser Napoleon auf einer kleinen Erderhöhung und läßt uns mit auf= fallend finsterm Blick an sich vorbeidefilieren, neben ihm gewahren wir nur vier russische Bürger in der Tracht der Kaufleute der vierten Gilde. Wir zogen ohne Aufenthalt an der Spitze der Armee in Moskau ein und waren sehr verwundert, die Stadt wie ausgestorben zu finden. Kein einziges mensch= liches Wesen begegnete uns, nicht ein einziger Schornstein rauchte, ganz Moskau schien sich in ein großes Grab verwandelt zu haben.

Auf Kreuzstraßen halten wir mitunter einige Augenblicke an, um die Nebenstraßen zu rekognoszieren, und so wird es abends 7 Uhr, ehe wir vor dem entgegengesetzten Tore, nachdem wir die ganze Stadt der Länge nach durchritten haben, neben der Straße nach Rjasan, dicht an der Stadtmauer, ein Biwak beziehen. Unsere ganze Armee mußte nämlich wieder biwakieren, nur die alte Garde bezog mit dem Kaiser den Kreml. Ehe wir absaßen, wurde uns der kaiserliche Tagesbefehl bekannt gemacht, zufolge dessen jeden die Strafe des Erschießens treffen sollte, der sich von seinem Lagerplatz entfernt in der Stadt oder den Vorstädten betreffen ließe.

Zugleich wurde uns versprochen, daß wir die uns reglementsmäßig zu= stehenden Lieferungen von Lebensmitteln, Furage und Holz in der kürzesten Frist, am folgenden Morgen aber auch Quartiere erhalten sollten. Wir hoffen und harren auf die versprochenen Lebensmittel bis Mitternacht, mit ungeheuer bellendem Magen, vergebens; es ist empfindlich kalt und wir haben kein ein= ziges Feuer. Unsere Furiere, die schon seit mehreren Stunden zum Empfange des uns so Notwendigen ausgezogen sind, kehren nicht wieder, und unser Jubel vom Spielberge ist fürchterlich herabgestimmt. Dieser Berg des Heils scheint für uns ein Berg des Unheils werden zu wollen.

Am selben Tage, gleich nach Mitternacht, bricht schon an verschiedenen Stellen in der Stadt Feuer aus. Es werden von den den verschiedenen Brand= stellen zunächst gelegenen Truppenteilen Mannschaften zum Löschen komman= diert, auch unser Regiment gibt mehrere Leute dazu. Diese Mannschaft kehrt aber bereits um 1 Uhr zurück und meldet, daß an kein Löschen zu denken ist, weil alle Pumpenrohre von den Brunnen abgenommen und letztere fast alle ver= schüttet sind.

Während der Nacht des 15. (3.) und bis gegen 10 Uhr am Morgen des 16. (4.) wurde das Feuer so heftig, daß man die Erlaubnis zum Plündern erteilte. Es blieben bloß die nötigen Wachmannschaften im Biwak, alle übrigen strömten in die brennende Stadt, um Beute zu machen.

Ich habe es nie begreifen können, weshalb die Welt so lange darüber im Zweifel geblieben ist, wer den Brand von Moskau angezündet hat, denn es lebten doch Augenzeugen genug, die ebensogut wie ich gesehen haben, daß diese furchtbare, barbarische Zerstörung von dem russischen Gouvernement systematisch organisiert war.

Ferner will es mir heute noch nicht einleuchten, warum man die Einwohner nicht ein paar Tage vorher davon in Kenntnis setzte, daß man die Stadt einäschern wollte; es hätten dann für mehrere Milliarden Rubel kostbare, leicht zu transportierende Gegenstände gerettet werden können, die nun alle von dem furchtbaren Elemente verschlungen worden sind. Man sah nur zu deutlich, daß alles in der größten Uebereilung geflohen sein mußte, denn in den Häusern fanden wir vollständige Waren, Mobilien und Lebensmittel, wie man sie in einer bewohnten Stadt nur finden kann, sogar gedeckte Tische mit der in Hast verlassenen Mahlzeit darauf. Nur die Einwohner mit ihren Pferden waren verschwunden und anstatt ihrer entdeckten wir in verschiedenen Schlupfwinkeln eine Menge verdächtig aussehender, meist betrunkener Männer und Weiber aus den niedrigsten Volksklassen, in abschreckenden Kostümen. Die Schwefelbande des Gouverneurs Rostoptschin möchte ich sie nennen, die sich damit beschäftigt hatte, allerlei leicht zündende Stoffe, als Flintenpatronen, Werg, brennende Lunten usw. in den Häusern zu verteilen, damit das große Zerstörungswerk desto schneller vonstatten gehe.

Wir drangen jetzt in die brennenden Häuser ein und holten uns aus ihnen allerlei Brauchbares und Unbrauchbares. In wenigen Stunden standen und lagen in unsern Biwaks Lebensmittel und prachtvolle Mobilien und Waren aller Art, als da sind: Kaffee, Tee, Massen von weißem Hutzucker, ganze Fässer des köstlichsten roten Weines, große Säcke voll des feinsten Weizenmehls, Schinken, Speckseiten, Hühner, welsche Hahnen usw.; Sofas mit schweren seidenen Ueberzügen, desgleichen gepolsterte Sessel, die schönsten Federbetten, reiche Kleiderstoffe der verschiedensten Art, große Spiegel in Goldrahmen, sogar ein wertvoller Wiener Flügel, ein wundervolles Instrument. Nur an Brot hatten wir schon Mangel, und wir mußten uns in Töpfen und in der Asche, so gut es gehen wollte, Surrogate backen.

Der Holzvorrat ging auch zur Neige, und da wurden die kostbarsten Möbel teils zerbrochen, teils mit der Holzart zerschlagen und ins Feuer geworfen. Der Brand nahm immer mehr zu, und es schien, als ob der Himmel dieses für uns so verderbliche Ereignis begünstigen wollte, denn es wehte fortwährend ein starker Wind, der auf die noch nicht entzündeten stärkeren Gebäude einen förmlichen Hagel von Funken ausstreute, bis auch sie der Wut des Elementes endlich anheimfielen.

Am 18. (6.) September hatte der Brand so um sich gegriffen, daß wir unser Lager in der Nähe der Stadtmauer verlassen mußten, weil es Funken förmlich auf uns regnete, die das Lagerstroh entzündeten. Eine Menge der kostbarsten Waren blieb dort zurück, weil wir sie nicht mitnehmen konnten. Nur fünf Staatskarossen, vollgestopft mit Säcken Weizenmehl, wurden glücklicherweise nicht im Stiche gelassen und kamen uns später trefflich zustatten.

Unser neues Biwak war mindestens eine halbe Meile von der brennenden Stadt entfernt, und dennoch konnten wir in der Nacht vom 18. (6.) auf den

Französische Pferde in der Uspenski-Kirche zu Moskau.
(Gemälde von Weretschagin.)

19. (7.) im Lager den feinsten Druck lesen; das gräßliche Feuer verbreitete eine wahre Tageshelle. Schon nach sieben Tagen, am 22. (10.) September, stellte Moskau, die herrliche, mit so vielen Reichtümern aller Art angefüllt gewesene Stadt nicht viel mehr als einen großen Aschenhaufen dar. Wie ich später erfuhr, waren außer dem Kreml nur etwa 100 der stärksten Häuser von Hausteinen und einige Kirchen stehen geblieben."

Hätte Napoleon die Sprache fanatischen Patriotismus verstanden, er wäre nicht fünf Wochen in Moskau geblieben, auf Nachgiebigkeit und Frieden von Seiten des Kaisers Alexander wartend. Für diesen und sein Volk gab es nur noch ein Ziel: die Vertreibung des verhaßten Feindes von der Erde Rußlands. Wohl hatte er früher geschwankt, wohl hatte ihn die Kunde von Borodino, die ihm zuerst als Sieg gemeldet worden war, für den Kutusow die Feldmarschall= würde und 100,000 Rbl. erhielt, tief erschüttert, Moskaus Einäscherung ihn tief bewegt, aber eifrig betrieb er jetzt neue Rüstungen und tat alles, um dem Kaiser Napoleon beim Rückzuge den Untergang zu bereiten. Freilich fehlte es auch nicht an einflußreichen Personen, die ihn dazu drängten, er solle mit Napoleon in Friedensverhandlungen treten: so sein Bruder Konstantin, der Graf Araktschejew und schließlich sogar der Kanzler Rumjanzew. Mit Festigkeit trat dagegen die sanfte Kaiserin Elisabeth diesen Zumutungen entgegen, lebhaft unterstützt von der charaktervollen Schwester des Kaisers Katharina Pawlowna. Der Kaiser fand bei diesen beiden Frauen Rat und Stütze in seiner unerschütterlich gewordenen Absicht, nicht eher die Waffen niederzulegen, als bis Napoleon Rußland verlassen habe. In diesem Sinne sprach er sich aus, als ihm der Oberst Graf Michot die Nachricht vom Brande Moskaus überbrachte und ihn im Namen der Armee bat, fest zu bleiben und nicht Frieden zu schließen: „Vergessen Sie nicht, was ich Ihnen jetzt sage: es kann sein, es wird die Zeit kommen, daß wir uns daran mit Vergnügen erinnern werden: Napoleon oder Ich, Ich oder Napoleon, für uns beide ist kein Platz zum Herrschen!" Und Kutusow sandte er am 2. Oktober, als er erfuhr, dieser habe den französischen Abgesandten Lauriston empfangen, die bezeichnenden Worte: „Gedenken Sie daran, daß Sie noch Antwort zu geben haben dem beleidigten Vaterlande über den Verlust von Moskau."

„Wenn die Russen Moskau nicht verbrannt hätten, so wäre ich Rußlands Herr geworden." So hat Napoleon auf St. Helena zu Gourgaud gesagt. „Ich hätte das Landvolk wiederkommen lassen, um mir Lebensmittel und Pferde zuzuführen. Nachdem Moskau einmal verbrannt war, hätte ich höchstens zwei Wochen dort bleiben dürfen. Aber ich wurde von Tag zu Tag getäuscht." „Man wirft mir Waterloo vor", schloß er „. . . ich hätte in Moskau sterben sollen!" Und durchdrungen von dem Gedanken, daß Moskaus Brand seinen Fall eingeleitet hat, machte er sich Vorwürfe, hier nicht den Tod gesucht zu haben: „Die Menschen sind wahrhaft groß nur durch die Einrichtungen, die sie bei ihrem Tode hinterlassen. Wenn eine vom Kreml abgefeuerte Kanonen= kugel mich getötet hätte, so wäre ich so groß gewesen wie nur einer, weil meine Einrichtungen, meine Dynastie sich in Frankreich behauptet hätten, wäh= rend ich jetzt fast nichts bin" . . .

Verlassen wir den untätig in Moskau stehenden Kaiser, der vergeblich die russischen Friedensboten erwartete, und wenden wir uns in Kürze den Neben= kriegsschauplätzen zu.

### a) Im Süden.

Napoleon war von der breiten Weichselbasis wie ein Keil ins Innere Rußlands vorgedrungen. Zur Rechten und zur Linken hatte er unbesiegte beträchtliche Abteilungen stehen lassen, gegen die er sich durch·immer länger und empfindlicher werdende Etappenlinien decken mußte.

Im Süden, wo bei Lutzk in Wolhynien Tormassow seine Truppen sam=
melte, befehligte der österreichische General Schwarzenberg 34,000 Mann. An=
fänglich nur zum Flankenschutz bestimmt, sollte er später auf Napoleons Geheiß
zur Hauptarmee stoßen, die durch die mit dem Vormarsch auf Moskau immer
stärker werdenden Abgänge an Offensivkraft verloren hatte. Seinen Platz aus=
zufüllen, wurde das VII. Korps unter Reynier beauftragt. Als dieser aber von
Tormassow eine empfindliche Schlappe erlitten hatte und die Befürchtung ein=
trat, Tormassow könne in die entblößte Flanke vorstoßen, mußte Schwarzenberg
wieder umkehren und wurde Reynier unterstellt. Dieser ergriff nun seinerseits
die Offensive und warf Tormassow bei Gorodeczna zurück, ohne freilich den
Sieg so auszunützen, wie es nötig und möglich gewesen wäre. Napoleons
Hoffnung, er werde über Kiew=Kaluga die Vereinigung mit der Hauptarmee
erzielen, wurde nicht verwirklicht. Jedenfalls war vorderhand die Gefahr,
welche der rechten Flanke von Wolhynien drohte, beseitigt. Auch von den
kleinen Abteilungen General von Oertels bei Bozyr und der Festung Bobruisk,
ca. 18,000 Mann, drohte keine ernstliche Gefahr. Die Lage änderte sich erst
im September, als Napoleon schon in Moskau stand, durch das Erscheinen
einer neuen russischen Armee unter Admiral Tschitschagow, die nach Abschluß
des Bukarester Friedens von der Donau her nordwärts zog.

## b) Im Norden.

Aehnlich wechselvoll waren die Ereignisse im Norden, an der Düna, in
der linken Flanke der französischen Verbindungen. Wir werden von diesen
noch genauer handeln. Hier zur Orientierung nur folgendes: Zunächst rückte
das X. Korps unter Macdonald mit der 14,000 Mann starken preußischen Di=
vision unter General Grawert vor. Riga zu blokieren und den Wasserweg des
Njemen zu decken, war seine Aufgabe. Die Russen unter General v. Essen I
bildeten keine starke Gegnerschaft. Macdonald verlegte nach einem Mißerfolge
gegen Wittgenstein von Rossieny aus sein Hauptquartier nach Jakobstadt,
wohin er die Division Grandjean zog. Geteilt war er an keinem Punkte stark
genug, um wirklichen Erfolg zu erzielen.

Ernster und wechselvoller waren die Kämpfe an der mittleren Düna, wo
Wittgenstein mit 25,000 Mann zum Schutz der Petersburger Straße Aufstel=
lung genommen hatte, nachdem Barclay von Drissa nach Witebsk abgezogen
war. Gegen ihn entsandte Napoleon Marschall Oudinot mit 28,000 Mann.
Er sollte Wittgenstein angreifen und marschierte deshalb nach Sebesch, wurde
aber hier von Wittgenstein geschlagen und schließlich bei Polozk zurückgedrängt.
Zu seiner Verstärkung schickte Napoleon von Witebsk aus St. Cyr mit 13,000
Mann. Dieser besiegte denn auch bei Polozk, nachdem er an Stelle des schwer=
verwundeten Oudinot den Oberbefehl übernommen hatte, Wittgenstein. Wie
im Süden der Sieg von Gorodeczna, so sicherte hier der bei Polozk die be=
drohten Flanken und bewog Napoleon zur Fortsetzung der Offensive auf
Moskau. Aber auch hier war der Erfolg nicht dauernd. Wittgenstein erhielt

bedeutende Verstärkungen, und nach Riga kam die in Finnland abkömmliche Division Steinheil.

Alles in allem hatte Napoleon ca. 130,000 Mann zur Sicherung der Flanken abzweigen müssen. „Diese beträchtlichen Kräfte, welche dem Haupttheer verloren gingen, genügten von Ende September ab nicht mehr, die von andern Kriegsschauplätzen herankommenden russischen Heere aufzuhalten. So schürzte sich schon jetzt im Rücken des französischen Haupttheeres die Schlinge, in der es auf dem Rückwege sich verfangen und zu Grunde gehen sollte."

---

## IV.

### Der Rückzug von Moskau.

Während Napoleon von Westen in Moskau einzog, verließ Kutusow mit seiner noch 50,000 Mann starken Armee die Stadt in östlicher Richtung, schlug dann die Richtung auf Rjasan ein, um die reichen Städte Tula und Kaluga zu Stützpunkten seiner Verpflegung zu machen und mit dem von der Donau heranrückenden Admiral Tschitschagow in Verbindung treten zu können. Bei Tarutino bezog er ein befestigtes Lager. Zugleich ließ er durch den Kleinkrieg vorgeschobener Kosakenposten und der in Wut geratenen Bauern die Franzosen beunruhigen. Napoleon, der die Fühlung mit der russischen Armee verloren hatte, erfuhr erst durch einen Spion, daß Kutusow im Süden von Moskau stand, und erkannte sofort, welche Gefahr seiner Etappenlinie drohte. Hätte seine Armee nicht so dringend der Erholung bedurft, er hätte Kutusow angreifen, vernichten müssen. Seine gegen den Feind vorgeschickten Generäle Murat, Poniatowski und Benièves entwickelten nur geringen Eifer, die Verluste des Kleinkrieges, die zur Bedeckung der Proviantzüge nötigen Truppen schwächten daher die Hauptarmee von Tag zu Tage. Und immer noch zögert er Moskau zu verlassen, obwohl die von der Rückzugsstraße einlaufenden Hiobsposten eine völlige Unterbindung mit der Heimat in drohende Nähe rückten. Da Kaiser Alexander ihm nicht entgegenkommt, so tut der stolze Korse den ersten Schritt und sendet den General Lauriston ins russische Hauptquartier! Vergebens! So blieb nichts übrig als abzumarschieren. Auf den 6. Oktober (25. September) wird der Abmarsch festgesetzt, wieder verschoben, nochmals gehofft, es werde eine Friedensbotschaft kommen. Wiederum sendet Napoleon durch einen gefangenen russischen Edelmann Friedensanerbietungen an den Zaren. Er bleibt ohne Antwort. Wohl aber schreckt ihn die Nachricht, daß Murat bei Winkowo eine arge Schlappe erlitten hat, aus seinem Zögern auf. Er beschließt Moskau zu verlassen. Trotzdem er 50,000 Mann frische Truppen hier erhalten hatte, hat der Kleinkrieg ihm so schwere Verluste beigebracht, daß er mit wenig über 100,000 Mann aus der Trümmerstadt auszieht. Und wie sieht die Armee aus! In trostlosem Zustande sind die Pferde, ohne äußere und innere Zucht die Soldaten. Schon nähert sich der Winter, und immer drohender werden die Kosaken, die die Abziehenden umschwärmten und beunruhigten. Im Kreml ließ er General Mortier zurück mit der Weisung, beim Abzuge ihn in die Luft zu sprengen.

Kaum hatte die Große Armee Moskau verlassen, als der schneidige General Wintzengerode von nur einem Rittmeister und einem Kosaken begleitet in die Stadt sprengte, um mit Mortier Verhandlungen anzuknüpfen. Hatte er doch von jenem Befehl Napoleons, bei seinem Abzug den Kreml in die Luft zu sprengen, gehört. Mortier ließ Wintzengerode, der ohne die Zeichen eines Parlamentärs erschien, gefangen nehmen und Napoleon zuführen, der ihn hart anließ, ihm

Ausmarsch Napoleons aus Moskau.

mit Erschießen drohte und ihn als Kriegsgefangenen nach Frankreich abzuführen befahl. Ein glücklicher Zufall wollte es, daß er bald darauf gegen einen gefangenen französischen General ausgewechselt wurde. Wintzengerodes Erscheinen in Moskau gab aber Mortier Veranlassung, aus Moskau aufzubrechen. Er fürchtete mit Recht sonst von den heranziehenden Russen überrumpelt zu werden. Er rückte daher noch in derselben Nacht ab, ohne die ihm gewordene Weisung in Bezug auf den Kreml mehr als sehr oberflächlich zu erfüllen. Kaum war er fort, so stürzten sich große marodierende Haufen in die Stadt und verübten entsetzliche Gräuel. Endlich am 11. Oktober rückte eine Kosakenabteilung unter General Jlowaiski ein und befreite die eingeängstigten Bewohner der alten Zarenstadt von den Räuberbanden. Allmählich kehrten dann geordnete Zustände wieder zurück.

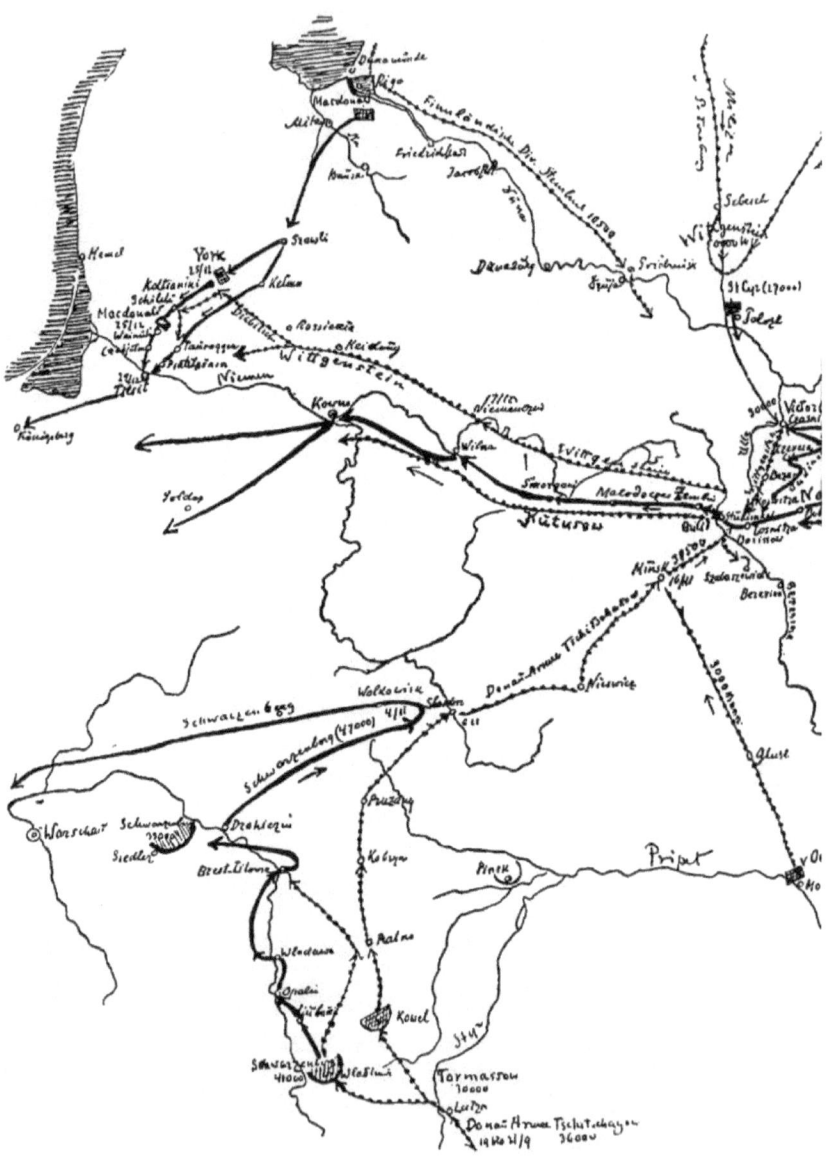

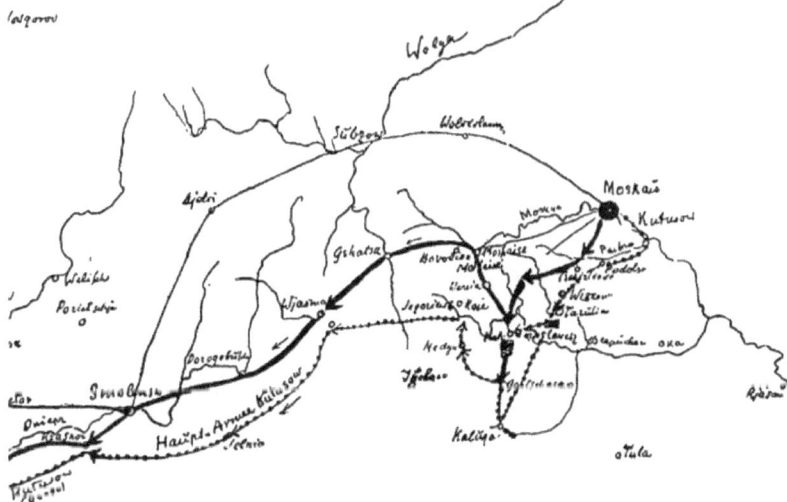

Rückzug Napoleons.

⬅━━ } Marsch line französischen Truppen
⬅┄┄     russischen

1:2270000

Welchen Weg sollte die Armee einschlagen? Es hätte nahe gelegen, dem Feind durch einen in nordwestlichem Bogen ausgeführten Marsch über Wolo= kolanst=Subzow=Bjeloi=Smolenst, wo die großen Reservelager in militärischem Schutz sich befanden, zu entgehen. Aber dem Stolz des Kaisers stand dieser Plan nicht an. Er beschloß nach Süden auf Tarutino, Kutusow entgegen, zu marschieren. Kutusow, davon benachrichtigt, weicht nach Malojaroslawetz zurück und will hier zum Schutz von Kaluga eine Schlacht wagen.

Ueber den Ausmarsch aus Moskau entnehmen wir den Aufzeichnungen des Württembergers von Yelin folgende Schilderung, die die Verfassung und Stimmung der Franzosen vor der Schlacht bei Malojaroslawetz erkennen läßt:

18. (6.) Oktober. „Welch erschreckendes Bild gab jetzt die große Armee; selbst die noch geordneten Krieger waren mit allem möglichen aus Moskau bepackt und überladen, jeder wollte etwas mitnehmen, vielleicht in seine Heimat bringen, während sie vergaßen, sich in dieser langen Zeit des Aufenthalts das nötigste anzuschaffen. Der Troß aber glich einem Gesindel, das, wie aus einem fremden unbekannten Lande kommend, auf einmal zu uns gestoßen wäre, mit allen erdenklichen Kleidungsstücken angetan, jetzt schon eine Maskerade bil= dete. Diese waren die ersten beim Abmarsch, wodurch der geordnete Marsch immer unterbrochen wurde, sie wollten ihre in Moskau erbeuteten Sachen aller Art, je bälder, je lieber und immer vor der Armee in Sicherheit wissen; da aber schon hier in den zum Teil engen, zum Teil durch Trümmer von einge= stürzten Häusern verengten Straßen, der Troß seine mit Beute beladenen Wagen, Karren, Kaleschen, schöne und schlechte Karossen, kurz alle nur erdenk= lichen Gefährte, in der ängstlichen Eile alles ineinander fuhr, und nur nach und nach wieder durch Aufsicht und Ordnung auseinander gewickelt werden konnte, so ward diesen befohlen, so lange zu warten, bis die noch geordneten Schaaren passiert seien, wodurch wir schon jetzt den fürchterlichsten Durcheinander sahen, der später öfters beim kleinsten Defilee entstand.

Napoleon mußte sich selbst mit vieler Mühe durch dieses Chaos winden, und obwohl alles einsah, daß es unmöglich sein könne diesen ungeheuren Troß mit sich zu schleppen, so wurden dennoch keine Befehle gegeben, ihn zu ver= lassen. So kamen wir am 19. Oktober abends bei Sosnesti, am 20. bis 21. bei Tschekowo, am 22. bei Rudnewo, am 23. bei Buikosowo, am 24. bei Mitiäwa und am 25. bei Borowsk auf der nun gewährten Straße gegen Kaluga an."

Die russische Oberleitung war über die Richtung, die Napoleon beim Rückzug genommen hatte, völlig im Unklaren. Erst durch aufgegriffene Garde= soldaten erfuhr der vorsichtig vortastende General Dochturow, daß Napoleon auf der Kalugaer Straße im Anmarsch auf Malojaroslawetz sei. Kutusow wurde mitten in der Nacht geweckt und gab nach einer Konferenz mit seinem Stabschef Grafen Toll den Befehl, daß die russische Armee aus Tarutino nach Malojaroslawetz sich in Bewegung setzen solle. Dochturow eilte mit seiner Abteilung dem Gros voraus und erreichte in der Morgenfrühe des 24. (12.) Oktober Malojaroslawetz, das bereits von der Avantgarde Napoleons besetzt

worden war. Er gab Jermolow den Befehl zu sofortigem Angriff, und so
entspann sich ein hitziger, gegen 18 Stunden dauernder Kampf der beiden
vorgeschobenen Abteilungen, bei dem die Stadt achtmal aus einer Hand in die
andere überging. Kutusow, der auf 5 Werst von der Stadt herangekommen
war, begab sich zwar selbst in die vorderen Reihen der Kämpfenden und warf
die Abteilungen Konownitzin und Miloradowitsch in die Schlacht, aber ihr
durch Einsetzung aller Kräfte eine entscheidende Wendung zu geben, wagte er
nicht. Nachdem die Russen ca. 6000 Mann verloren hatten — die Franzosen
zählten gleichviel Verwundete und Tote — wich er mit seinen Truppen nach
Detschino, 14 Werst südlich von Malojaroslawetz, zurück.

Napoleon folgte ihm jedoch nicht. Er gab den Vormarsch auf der Kalugaer
Straße auf, und langsam schlägt die Große Armee, tausende Blessierte und
Marode zurücklassend, den Marsch nordwärts auf die große Straße ein, auf
der der Hermarsch gegen Moskau stattgefunden hatte. Davout blieb zur
Deckung bei Malojaroslawetz stehen, Poniatowski eilte zur Sicherung des
Rückzugs nach Gschatsk voraus, Napoleon selbst entschloß sich in Eilmärschen
auf Smolensk zu marschieren, um Kutusow zuvorzukommen und hier zu über-
wintern. Nach Malojaroslawetz schreibt v Yelin in sein Tagebuch:

28. (16.) Oktober. „Es hielten zwar noch die einzelnen Korps zusammen,
allein ein allgemeines Zusammenhalten war kaum noch zu bemerken; nur wenn
geschlagen wurde, waren die noch Bewaffneten ein Körper. Da auf diesen
Märschen schon die rückwärts befindlichen Bagagewagen, viele Furgons, Pulver-
wagen, Kanonen usw. demoliert und verbrannt wurden, so gingen auch die
Lebensmittel, deren man sich nur auf 14 Tage versehen hatte, zu Ende, es
trat der größte Mangel ein, der noch fürchterlicher erschien und werden mußte,
da auf der schon im Hinweg verheerten Straße durchaus nichts mehr zu finden
und zu hoffen war. Viele suchten sich mit wenigem Zucker durchzubringen und
sparten diesen mit außerordentlichem Geiz, allein dieses Hilfsmittel hielt nicht
lange an, und auch solche mußten sich endlich mit Pferdefleisch begnügen.
Anfänglich schlachtete man noch die elenden, abgemagerten Tiere, d. h. man
schoß ihnen eine Kugel durch die Brust. Es gab auch noch zuweilen Salz und
Gewürz, das aber auch bald aufhörte; an das Erschießen der Tiere dachte
auch kein Mensch mehr, sondern man schnitt sich an den noch lebenden Tieren
seinen Teil ab, die mit weit auseinander stehenden Füßen, oft an allen Seiten
blutend — zitternd und betäubt noch stehend zu sehen waren, bis sie endeten
und zusammenstürzten. Die Franzosen bemächtigten sich vor allem der Zungen,
und ohne dem Tier den Herzstoß zuerst zu geben, schnitten sie ihnen diese aus
bei noch lebendem Leibe; es gibt gewiß nichts Abscheulicheres, wie auf diesem
Rückzuge die Menschen gegen Menschen und gegen Tiere handelten. Ein großer
Teil des Korps löste sich hier schon in Marodeurs auf, die ihre Gewehre und
Armatur wegwarfen, andere gingen einige Stunden ab der Straße, um zu
plündern, wobei sie häufig von den Russen abgefaßt wurden und oft erbärmlich
endeten. Tausende starben schon jetzt an Entkräftung und Hunger, die Pferde
nährten sich kümmerlich von Baumrinde und altem verfaultem Stroh und Holz,

da alles mit Schnee bedeckt und zusammengefroren war. Man nahm der wenigen Kavallerie ihre Pferde, um nur die bis hierher geschleppte Artillerie weiter zu bringen. Täglich stieg das Elend."

Die erste Periode des Rückzugs kann man bis Smolensk rechnen. Am 28. (16.) Oktober war die erste Kälte eingetreten. Von jetzt ab glichen die Biwaks Schlachtfeldern, da die verhungerten und entkräfteten Leiber nicht mehr die nötige Widerstandskraft besaßen. Die Kälte hatte an sich nicht früher und kräftiger eingesetzt als sonst und erst nach Smolensk stieg sie auf über 15 Grad Reaumur. Die Tagebucheintragungen von v. Delin bei der Ankunft in Wjasma am 1. November sind erschütternd:

„Neues Unglück kam über uns, die Kälte nahm von Stunde zu Stunde zu, keine Lebensmittel, keine stärkenden Getränke, ohne gehörige Bekleidung auf Schnee und Eis zu biwakieren, war über die menschlichen Kräfte. Die langen Nächte waren fürchterlich, das grüne Holz wollte nicht brennen, und bis dieses herbeigeschafft war, konnte man es kaum aushalten, viele erfroren bei dieser Arbeit, an der die höchsten Offiziere teilnehmen mußten, denn wer beim Feuer sein wollte, mußte auch dazu beigetragen haben. Oft kam es, wenn das Feuer angezündet war, daß Stärkere kamen und die ersteren davon verjagten, wobei es öfters zu Mord und Totschlag kam. Diejenigen, welche während des Marsches zusammensanken, blieben auf der Straße liegen, die nächsten Fuhrwerke gingen über sie weg, noch ehe sie ganz tot waren, und zermalmten sie; kein Mensch nahm sich die Mühe, solche Unglückliche auf die Seite zu schaffen oder aus dem Wege zu ziehen, man beraubte sie sogar ihrer Kleider, noch ehe sie tot waren. Haufenweise warfen jetzt die Soldaten ihre Waffen weg, die Ordnung löste sich in Unordnung auf, jeder dachte nur an sich, und suchte sich durchzuschleppen, auf welche Art es sein mochte. Von allen Korps und Regimentern liefen sie in bunten Haufen untereinander, oder schoben sich auf der Straße gepreßt vorwärts, zu jeder Stunde wurde man von den seitwärts streifenden Kosaken angefallen und geplündert, ohne daß ein Widerstand geleistet wurde, da die noch bewaffneten Korps entweder vor- oder rückwärts dieses Trosses waren."

So bildete die Signatur schon dieser Staffel des Rückzuges das Massen-sterben. Was dem Hunger und der Kälte entging, fiel den verfolgenden Kosaken, mehr noch dem zu wilder Wut gegen den „Antichristen" Napoleon und dessen Soldaten entflammten Landvolk zum Opfer. Was vom Wege abirrte, was zurückblieb, war rettungslos verloren. In Dorogobusch wurden von den zu rasender Wut aufgestachelten Kleinbürgern die gefangenen entkräfteten Franzosen niedergemetzelt: unbewaffnet, abgehetzt, verhungert fielen viele von ihnen den Bürgern in die Hände, die nicht aufzuhalten und zu beschwichtigen waren. Die Hölle schien losgelassen. Nach der Schlacht bei Wjasma sah der englische Militärattaché Wilson „eine Schar von Furien um einen Baumstamm tanzen, auf dem 60 Menschen mit den Köpfen festgebunden lagen, denen die Megären nach dem Takt eines Nationalliedes mit dicken Knütteln die Schädel zerschlugen." „Wie bei dem grausigen Guerillakriege in Spanien, kam es auch hier vor, daß die Mushits ihre Opfer, die sie selbst gefangen oder den Kosaken abgekauft hatten, mit Stroh umwickelten und anzündeten, um sich an dem Geschrei und den Zuckungen der Gemarterten zu weiden." Gewiß haben, wie in Spanien, so auch in Rußland religiöse Wahnvorstellungen dabei mitgewirkt.

Von der russischen Armee unter Kutusow hatten die Franzosen am wenigsten zu befürchten. Kutusow hatte trotz seiner zahlreichen Kavallerie die Spur der Großen Armee verloren. Als er nach einem Ruhetage am 28. (16.) Oktober auf Wjasma zu losmarschiert, ist es zu spät. Durch unaufhaltsames Marschieren ist die französische Armee der Gefahr, überholt zu werden, entronnen. Nun bleibt Kutusow nichts übrig, als hinter Napoleon herzumarschieren und sie den von Norden und Süden herbeieilenden Flügelarmeen in die Arme zu treiben. Bei Wjasma kam es nur zu Kämpfen mit der französischen Nachhut unter Ney, der an Davouts Stelle getreten war und sich als ein geradezu glänzender Nachhutführer als „le plus brave des braves", der Tapferste der Tapfern bewies. Kutusow war nach dem Fehlschlag auf einem Parallelwege über Jelnia in der Richtung nach Krasnoi aufgebrochen, um den Franzosen hier den Weg zu verlegen. Napoleon war aber vorher schon am 9. November (28. Oktober) in Smolensk angelangt. Doch anders fand er die Stadt vor, als er erwartet hatte. St. Cyr war bei Polozk von Wittgenstein aufs Haupt geschlagen worden und in solche Not geraten, daß das Korps Victor, das Smolensk besetzt gehalten hatte, ihm zu Hilfe geeilt war. Napoleons Hoffnung, in Smolensk frische Truppen vorzufinden, die die Große Armee hätten aufnehmen und ein gefahrloses Ueberwintern ermöglichen können, zerfiel in nichts. Da er selbst aber rund 45,000 Mann verloren hatte, seitdem er Moskau verlassen, und die Ueberlebenden immer weniger schlachtbereit wurden, mußte er um so eher zum Aufbruch drängen, als von beiden Flügeln erneute bedrohliche Nach= richten einliefen. „Er mußte zum Njemen zurück, mußte sich durch die Feinde, die ihn immer enger umstellten, durchschlagen." In der Gefahr zeigte er wieder seine ganze Feldherrnkraft in hellstem Lichte. Mit erstaunlicher Tatkraft betreibt er in der kurzen Zeit die Versorgung und Ordnung des Heeres; am 11. Nov. (30. Oktober) verläßt er mit einer kampffähigen Armee von 49,000 Mann und 300 Geschützen Smolensk und marschiert über Orsza nach Minsk. Daß Kutusow bei Krasnoi steht, weiß er bei völligem Mangel an aufklärender Reiterei nicht. Ney hat abermals die Nachhut. Am 16. (4.) November erfährt der Kaiser, daß der Feind vor ihm mit 60,000 Mann gut verpflegter und bewaffneter Truppen bei Krasnoi steht. Noch sind drei Marschstaffeln weit zurück: Eugen, Davout, Ney. Um sie zu retten, entschließt sich Napoleon die Schlacht bei Krasnoi anzunehmen. Und so groß ist der Nimbus, der Napoleons Fahnen noch immer umgibt, daß Kutusow sich zum Angriff nicht entschließen kann. Erst als man ihm meldet, der Kaiser marschiere ab, geht er offensiv vor, stellt den Angriff aber sofort wieder ein, als die Nachricht sich als irrig erweist. Dadurch gewinnt die Große Armee Zeit, um Eugen und Davout aufzunehmen. Nach glänzenden Gefechten kommt auch Ney über das Eis des Dnjepr auf das nördliche Ufer. „Napoleon ist gerettet." Kutusows Unentschlossenheit hatte ihm den Weg freigegeben, über Orsza marschiert er eilends auf Borissow, während Kutusow erst nach Tagen über Kopys auf Beresino aufbricht. Hier mußte sich nach menschlichem Ermessen das Trauerspiel zur höchsten dramatischen Höhe steigern, hier sich der Untergang vollziehen, da von Norden Wittgenstein, von Süden Tschitschagow herbeizogen und im Rücken Kutusow die Falle schließen sollte. Napoleon marschierte also in ein Raumdreieck hinein, auf dessen drei Ecken stehen: 31,500 Mann unter Tschitschagow bei Borissow, 30,000 unter Wittgenstein bei Czasniki und 60,000 unter Kutusow bei Kopys. In diesem Dreieck stehen außer Napoleons schwer erschüttertem Hauptheer noch die ca. 20,000 Mann unter dem wiedergenesenen Oudinot, die von der Ulla her von Norden herbeieilen. Außerhalb des Dreiecks stehen Schwarzenberg und Macdonald. Jenem schickt er die Weisung: „Handeln Sie so, daß die Russen, die Sie vor sich haben, nicht gegen mich marschieren können," worauf Schwarzenberg über Rudnia—Slonin zur Beresina aufbricht, aber, als er erfährt, es sei zu spät, wieder umkehrt. Macdonald, ohne genauere Nachrichten gelassen, bleibt zwecklos vor Riga stehen. Napoleons Genie erscheint um so größer, als die Verfassung seiner Truppen eine entsetzliche geworden war und in Smolensk sich die Disziplin immer mehr gelockert hatte. v. Yelin schreibt unter dem 11. November (30. Oktober): „In Smolensk trafen wir zwei Magazine an; es wurde Branntwein, etwas Brot und Mehl ausgeteilt, allein der Hunger ging so weit, daß wenige daran dachten, sich das Mehl zu einer Speise um= zugestalten, sondern sie verschluckten es roh. Es war schauerlich anzusehen, wie viele aus den Händen das Mehl fraßen und dabei das ganz mit Schmutz überzogene schwarze Gesicht und den ungeheuren Bart, den jeder hatte, damit beschmierten. Auch hier hörte, als die Fliehenden sich häuften, alle Ordnung auf, die ausgehungerten Soldaten drängten sich überall hin, wo sie Lebensmittel zu finden glaubten, bemächtigten sich ihrer mit Gewalt und schlugen sich unter= einander, um sich das Erhaschte abzujagen. Die ersten Offiziere hätten keine Ordnung mehr in diese vom Hunger bis zum Tier herabgestimmten Menschen gebracht, sie würden jeden niedergeschlagen haben, und selbst Napoleon hätte die Antwort der Schwaben erhalten: „Z'fresse misset mer han!" Auch sollte man hier Munition erhalten, aber zu diesem stellten sich nur wenige ein, da viele keine Waffen mehr hatten und denjenigen, die noch damit versehen waren, schon der Wille zum Wegwerfen näher lag." Interessant ist es, was v. Yelin über den Kaiser erzählt. Er gibt eine Schilderung des Biwakfeuers Napoleons, die eingeflochten sei: „Wahrscheinlich wurde jedesmal bestimmt, wo der Kaiser bleiben sollte. Es wurden nun von den Garden und Sappeurs welche vor= ausgeschickt, den Platz auszusuchen, was, wie ich es immer fand, in einem Wald an der Straße war. Auf der bestimmten Stelle wurden nun die Bäume umgehauen und der Schnee weggeschafft, sodann ein längliches Viereck abgestochen, ungefähr 10 Fuß breit und 20 Fuß lang, dasselbe auf 2 Fuß ausgegraben und die Erde auf die Seite geschafft. In diese Vertiefung wurde nun Feuer gemacht, und das Holz in ganzen Stämmen hineingeworfen, bis der ganze Raum eine Glutmasse bildete; um das Ganze wurden Schranken und Stangen gezogen. Bis der Kaiser kam, war die Erde um diese Hölle auf 10 Fuß ganz trocken, eine angenehme Wärme verbreitete sich nach allen Seiten, so daß man den Kaiser und die Generäle ohne Mäntel um die Schranken stehen und sitzen sah. Oefters hatte ich gewünscht, auch so glücklich sein zu können, mich erwärmen zu dürfen, allein die Garbisten stellten um solche Vierecke Wachen aus, und ließen keinen zu, am wenigsten einen Deutschen."

Während Napoleon so von Orsza aus westwärts zog, hatte Marschall Ney in heldenhaften Rückzugsgefechten den Abzug der Hauptarmee gedeckt. Als er am 17. (5.) November aus Smolensk aufgebrochen war, sah er sich bald von allen Seiten umringt. „Beständig kämpfend, überall zurückwerfend, was ihm in den Weg trat" — so schildert General Marcellin de Marbot diese herrlichen Waffentaten — „marschierte er drei Tage weiter, bis er bei Krasnoi in gefährlichem Engpasse umzingelt wurde. Die feindliche Artillerie überschüttete ihn mit Geschossen. Doch Ney ließ sich nicht beirren. Entschlossen, den Durchmarsch zu erzwingen, befiehlt er dem 48. Linienregiment, als der vordersten Truppe, ohne Aufenthalt und ohne einen Schuß zu tun, mit dem Bajonett anzugreifen. Die Mannschaften, obwohl durch die ausgestandenen Strapazen erschöpft, von Mangel an Nahrung entkräftet und erstarrt von Kälte, stürmen, elektrisiert von der Stimme ihres unerschrockenen Marschalls, auf der Stelle vorwärts, bemächtigen sich der Batterien im ersten Anlauf. Der Feind nimmt sie wieder, wird aber von neuem zurückgeworfen. Endlich muß das schon fast aufgeriebene Regiment der Uebermacht weichen. Von 650 Mann kehren nur 100 zurück. Die Nacht brach an und jede Hoffnung aus der verzweifelten Lage herauszukommen, schien verloren, aber Ney verzagte nicht. Er ließ eine Unzahl von Lagerfeuern anzünden, um den Feind an eine Wiederholung des Angriffs am nächsten Morgen glauben zu lassen. Ein eingebrachter russischer Oberst gibt Ney den Weg über das Eis des Dnjepr an. In aller Stille bricht man auf und marschiert unter Zurücklassung aller Verwundeten und des Fahrparks von der Dunkelheit begünstigt nach dem Dnjepr ab. Ueber das brüchige, rissige Eis überschreiten die Truppen ein Soldat hinter dem andern den Fluß. Zum Schrecken sah man sich aber einem Kosakenlager des Generals Platow gegenüber. Dieser aber schlief und, da die Kosaken ihn nicht zu wecken wagten, so marschierte Ney in Entfernung einer Stunde an ihnen vorbei. Noch drei Tage lang ging er unter unablässigen Kämpfen immer an dem sich schlängelnden Flußufer auf Orsza zu. Napoleon war im Begriff dieses bereits zu verlassen, und Ney sah sich von Neuem von einer großen feindlichen Ueberzahl eingeschlossen. Aber Offiziere von ihm erreichten Napoleon, der Eugen und Mortier ihm entgegen sandte. Ney hielt, vom Kaiser mit offenen Armen empfangen, mit dem schwachen Rest seiner Truppen einen wahren Triumphzug in das Lager der Großen Armee."

Aber Neys und Davouts Armeekorps waren so gut wie vernichtet. Die Gesamtstärke betrug nur noch 25,000 Mann und hundert Geschütze. Napoleon sah die Gefahr selbst so groß an, daß er an die Garden eine bewegte Ansprache hielt und eine große Anzahl Adler, Zeugen ruhmvoller Schlachten, verbrennen ließ.

In den Feldzugsbriefen des westfälischen Stabsoffiziers Friedr. Wilhelm von Loßberg, eines besonnenen, wackern Mannes treten uns erschütternde Bilder der Auflösung entgegen, so daß man sich wundern muß, daß der Genius des Kaisers diese Horden noch zu kriegerischem Handeln zusammenzuraffen wußte. Am 8. November (27. Okt.) zeichnet er auf: „Die Soldaten des Regiments essen gegenwärtig auch Pferde= und Hundefleisch. Meine kleinen Vorräte an gesalzenem Fleische und getrockneten Fischen sind mit Hilfe vieler Hungrigen gestern zu Ende gegangen. Mit Pferdefleisch habe ich einen Versuch gemacht; zu dem Hundefleische, wogegen ich den größten Widerwillen habe, überzugehen, wird mir sehr schwer fallen. Diese armen Tiere werden gewöhnlich auf den Brandstätten von den Soldaten eingefangen, welche sie mit Stricken oft mehrere Stunden, ja selbst Tage lang hinter sich herschleifen und sie (die Stricke über einen Baumast werfend) endlich erdrosseln. Viele werden auch erschossen oder mit Säbeln getötet. Den Pferden geht es noch schlimmer.

Den 9. November (28. Oktober).

Wir passierten heute das Schlachtfeld vom 19. August, auf welchem die an jenem Tage Gebliebenen noch ebenso lagen, als sie gefallen waren; nur daß mehrere vom Geschütze und Fuhrwerke, so in den Boden hineingetrieben waren, daß davon nur einige Teile ihres Körpers noch sichtbar sind. — Wahrlich! es gehört viele Seelenstärke dazu, dieses Elend täglich sehn zu können, ohne den Verstand zu verlieren, oder wenigstens gemütskrank zu werden; auch ich bin überzeugt, daß diese letztere Krankheit vorzüglich manchem Gebildeten und feinfühlendem Menschen den Tod gebracht hat, sowie noch bringen wird." — So ging man der Katastrophe an der Beresina entgegen.

## V.

### Der Uebergang über die Beresina und die Auflösung der Großen Armee.

Die Katastrophe an der Beresina hat viele Darsteller gefunden. In den zeitgenössischen Aufzeichnungen nimmt sie eine breite Stelle ein. Wir wüßten die Bedeutung jener entsetzlichen Tage, die noch einmal Napoleons Spannkraft und seine militärische Größe vollendet zeigen, kaum besser zu charakterisieren, als durch Wiedergabe der Schilderung Hayners, die knapp und doch erschöpfend ist. Ihr sollen dann zwei Zeugnisse von Augenzeugen und ein Brief des genialen preußischen Kriegstheoretikers v. Clausewitz an den Freiherrn von Stein angefügt werden.

Hayner schreibt:

„Bewundernswürdig ist des Feldherrn unerschütterte persönliche Haltung. Mit der Gefahr steigert sich seine Spannkraft. Weit entfernt an der Rettung aus dieser Lage zu verzweifeln, benutzt er die kurze Zeit, mit rastlosem Eifer die Armee notdürftig zu verpflegen und zu ordnen. An seiner Haltung richten sich die Schwachen auf. Alles, was nicht mitgeführt werden kann, wird ver=

nichtet. Der Vernichtung verfallen auch, zum größten Nachteil für die Armee, zwei Pontontrains. Zum Glück rettet der General Eblé, Kommandeur des Armee=Brückentrains, noch einige Gerätewagen. Napoleon hoffte noch in den

Uebergang über die Beresina (nach der Zeichnung von Chr. Faber du Faur).

Besitz des festen Ueberganges von Borissow zu kommen und deshalb die schwer= fälligen Brückentrains entbehren zu können.

Nach Ueberschreitung des Dnjepr marschierte die Armee geradeswegs über Bobr auf Borissow an der Beresina.

Gelang es hier überzugehen und die Armee auf das rechte Bere= sinaufer zu bringen, so war sie gerettet. Die Brücke von Borissow ge=

wann also eine außerordentliche Bedeutung. Da kommt die schlimme Nach=
richt, daß Borissow in russischen Besitz gefallen ist; Tschitschagow ist
herangekommen und hat Brücke und Stadt besetzt. Damit ist den Fran=
zosen der Rückzug verlegt! Ihre Lage ist verzweifelt. Das Wetter war
umgeschlagen. Tauwetter ist eingetreten, Regen gefallen, die Wege grundlos,
die Beresina offen und eistreibend. Eingeklemmt zwischen Dnjepr und Bere=
sina, umstellt von drei feindlichen Heeren, umschwärmt von Kosaken und Partei=
gängern, gehen sie einem furchtbaren Schicksal entgegen.

Nach menschlicher Voraussicht kann es aus dieser Einkesselung
keine Rettung geben.

In dieser scharf zugespitzten Lage werden aber auf beiden Seiten in den
entscheidendsten Augenblicken Fehlzüge getan; jedoch sind die der Russen schwerer,
als die der Franzosen, so daß das Schlimmste von Napoleon abgewendet wird.
Da hält zunächst Kutusows Scheu vor Napoleon das Hauptheer in gemessener
Ferne. Tschitschagow wird durch Oudinot getäuscht. Dieser hatte von Napo=
leon den Auftrag erhalten, oberhalb oder unterhalb von Borissow über die
Beresina zu gehen. Er greift Tschitschagow an, nötigt ihn zum Rückzug über
die Beresina. Dabei wird die Brücke abgebrochen. Nun tastet Oudinot am
Fluß entlang und stößt auf die Furt von Studienka. Dieser Punkt wird als
Uebergangspunkt für die französische Armee ins Auge gefaßt. Es kommt alles
darauf an, Tschitschagow und Wittgenstein von ihm abzuhalten. Oudinot gelingt
das vollkommen durch Scheinbewegungen gegen Tschitschagow. Dieser verteilt
seine Kräfte am rechten Beresinaufer, marschiert mit den Hauptkräften nach
Ssabaszewicki, dort an den Uebergang glaubend. Damit entfernt er sich voll=
ständig von dem entscheidenden Uebergangspunkte bei Studienka. Hier steht
bei Brili nur die schwache Division Tschapliz. So fällt auch dieser zweit=
stärkste Gegner so gut wie ganz aus. Bleibt nur noch Wittgenstein, welcher
durch Victor ferngehalten werden soll.

Napoleon hat inzwischen angeordnet, daß bei Studienka die Vorberei=
tungen zum Uebergang getroffen werden. Oudinot wird mit der Ausführung
betraut. Die Generale Eblé und Chaneloup werden mit den Pionieren, Sap=
peuren und Gerätwagen nach Studienka vorgesandt.

Napoleon war dann mit der Armee von Bobr über Losnitza, Borissow
nach Studienka gefolgt. Er hatte gehofft, daß Oudinot die Vorbereitungen
zum Uebergang bereits getroffen habe. Dieser hatte sich aber durch die bei
Brili stehenden Truppen einschüchtern lassen. Er wird jetzt vom Kaiser beauf=
tragt, den Brückenschlag mit Tatkraft zu betreiben, während Victor eingeschärft
wird, Wittgenstein fernzuhalten. Die Generale Eblé und Chaneloup standen
vor der schwierigen Aufgabe angesichts des Feindes am jenseitigen Ufer mit
unvorbereitetem Gerät, schlechtem Handwerkszeug Uebergänge für das herankom=
mende Heer zu schaffen. Am Morgen des 26. (11.) November gingen die
ersten Deckungstruppen durch die Furt auf das feindliche Ufer über. Gleich=
zeitig beginnt der Bau von zwei Bockbrücken. Die Baustoffe werden durch
Niederreißen der Häuser von Studienka und durch Fällen von Bäumen ge=

wonnen. Als Belag werden Stangen, dünne Bretter und Heubündel verwendet. Um 1 Uhr nachmittags ist die kleine nur für Fußgänger bestimmte, um 4 Uhr nachmittags die größere, für Fahrzeuge bestimmte Brücke fertig. Unter den Augen des Kaisers selbst hatten alle mit dem größten Eifer gearbeitet. Jeden Augenblick mußte man von Bazun her auf das Erscheinen von Wittgenstein gefaßt sein.

Oudinot ging zuerst über, sicherte den Uebergang sowie das Ueberschreiten der Niederung von Zembin gegen die bei Brili stehenden Russen und gegen Tschitschagow, dessen Erscheinen von Süden her zu erwarten war.

Am 27. (15.) mittags ging Napoleon mit den Garden über, alsdann erfolgte der Uebergang der Nachzügler.

Wittgenstein war, statt gerades wegs auf Stubienka loszugehen, warscheinlich auch aus Scheu vor Napoleon über Kostritza auf Borissow marschiert. So kam es, daß **im richtigen Augenblick an dem entscheidenden Uebergangspunkt bei Stubienka keiner der drei russischen Führer zur Stelle war.**

Dem Umstande verdankten Napoleon sowie 40,000 Mann mit 200 Geschützen ihre Rettung! Das Entkommen Napoleons und der 40,000 Mann, unter denen sich eine große Anzahl Marschälle, Generale und rund 2000 Offiziere und Unteroffiziere befanden, grenzt fast ans Wunderbare. Noch war des Kaisers Glücksstern nicht erloschen! Wenn Kutusow, Wittgenstein und Tschitschagow, obwohl sie über eine zahlreiche, gut berittene Kavallerie verfügten, die Lage nicht klar durchschaut haben, die Haupttriebfeder ihres falschen Handelns wa doch die Furcht vor Napoleon, an den sich keiner heranwagte. Hier, in der Stunde höchster Gefahr, wog die Person Napoleons so viel wie 100,000 Mann. Sein Name flößt den Feinden einen solchen Schrecken ein, daß keiner wagt, den sterbenden Löwen zum Aeußersten zu reizen. Hatte es der Kaiser bei Witebsk, bei Smolensk, in Moskau und sonstwo mehrfach fehlen lassen an der alten Entschlossenheit und Frische, hier in der größten Not entfaltet er glänzend wieder alle die Gaben, die seinen früheren Ruhm begründet haben. Sich selbst verdankt er und die 40,000, die unter seinen Augen Wunder der Tapferkeit verrichteten, die Rettung."

Am 30. (18.) November schrieb aus dem russischen Lager von Borissow Clausewitz an Stein in Petersburg:

„ . . . Bonaparte ist mit etwa 40,000 Mann durch; als hätte eine höhere Macht es beschlossen, ihn dies Mal noch nicht ganz zu stürzen, ist er in einem Loch durchgedrungen, wo er gerade am ersten hätte verloren sein müssen. Hielt der Admiral Tschitschakoff den Punkt von Sembin, der sich nur 1½ Meilen von seiner Stellung von Borissow befand, und jeder andere Weg war damals zu spät; in 24 Stunden hätte der Hunger herrischer geboten, als der Gebieter Napoleon, und das Aeußerste wäre geschehen. Er ist wütend gewesen vor dem Uebergang, hat alles um sich her mißhandelt, und Sorge und Angst haben in sichtbaren Spuren auf seiner Stirn gewohnt; sowie die Brücken fertig und die ersten Truppen defiliert waren, heitert er sich auf, behandelte jedermann freundlich, ließ sich zu essen geben und sagte: „Voilà comment on passe un pont sous la barbe de l'ennemi." Er hat sich übrigens selbst damit beschäftigt seinen Wagen über die Brücke zu führen, welches auch so ziemlich der einzige ist, der gerettet worden ist. Bei alledem hat er hier Haar lassen müssen; Graf Wittgenstein hat ihm in 2 Tagen über 10,000 Mann Gefangene abgenommen, davon 5000 mit fünf Generälen sich durch Kapitulation ergaben, weil sie abgeschnitten waren. Ueberhaupt kann ihm der Punkt der Beresina 15,000 Mann gekostet haben mit der sämtlichen Bagage. Noch wird er bis zum Njemen manches verlieren, wenn der Graf die Märsche ausführt, die er sich vorgesetzt hat. Platow folgt ihm, und einige Kavallerieregimenter sind bereits auf der Straße von Wilna voraus, um das abzuschneiden, was ihm an Lebens= mitteln, Schuhen usw. von daher entgegenkommen könnte. Er wird schwerlich über 20,000 Mann über die Grenze bringen. Was ihm Preußen und Oester= reicher zuführen, wird dann seine erste Stütze sein; wie überhaupt die Oesterreicher auch an der Beresina zu seiner Rettung mittelbar durch ihre Bewegung vor= wärts viel beigetragen haben; denn Tschitschakow stand nur 26,000 Mann stark an der Beresina. Er hat es um das Haus Oesterreich verdient, diese Rettung!!!

Ew. Exzellenz haben keinen Begriff von dem Anblick, welchen die Land= straße gibt. Tausende von toten Menschen und Pferden liegen auf derselben, Sterbende wimmern in den Gebüschen, gespensterhafte Menschen ziehen in Haufen vorüber und schreien und jammern und weinen nach Brot; sie schleppen sich in Lumpen, in denen man mit Mühe erkennt, daß es französische Soldaten sind. Fast keinen sieht man mehr, der noch ein menschliches Aussehen hätte: dies läßt mich auf den Zustand jener Armen schließen, und ich glaube des= halb, daß außer den Garden nichts über die Grenze kommt."

Lassen wir noch einem deutschen und einem französischen Augenzeugen das Wort. Der Freiherr von Loßberg schreibt: „So war es 12 Uhr mittags des 27. (15.) November geworden, und wir fühlten sämtlich, daß es die höchste Zeit sei, über die Beresina zu gelangen, was, wenn Victor von Wittgenstein auf die Brücke geworfen wurde, garnicht mehr auszuführen gewesen wäre, indem schon die wenigen Granaten, welche letzterer in die Masse werfen ließ, Furcht und Entsetzen darin verbreiteten, so daß wir uns sehr glücklich priesen, daß sie 100—150 Schritt vor uns zersprangen. Das Geräusch der einschlagenden und zerspringenden Granaten, sowie das Geschrei der Getroffenen in dem zusammengedrängten Menschenhaufen, worunter sich Angestellte von den Admi= nistrationsbehörden, Marketender und Frauen befanden, war wahrhaft Grausen erregend. Einmal unter den Menschen eingeklemmt, hatte man keine Wahl über den zu nehmenden Weg; ebenso war es auch, wenn man sich nicht in den äußersten Kolonnen zu beiden Seiten befand, eine Unmöglichkeit wieder herauszukommen. Man folgte so nahe wie möglich seinem Vordermann, was oft durch die vielen sich kreuzenden Kolonnen unmöglich gemacht wurde. Bei solchen Bewegungen entschied der Augenblick, indem die eine Kolonne eine jede entstehende Lücke der andern benutzte, um sich unaufhaltsam hineinzuschieben, wodurch dann die letztere so lange zum Halt genötigt war, bis sich auf dieselbe Weise das Glück wieder für sie erklärte.

Hier war auch hauptsächlich der Augenblick, wo einen nur die. Kraft des Pferdes und ein fester Sitz im Sattel rettete. Die Menschen, die sich zu beiden Seiten mit Sachen behenkt hatten, verloren solche sämtlich; ja die Fußgänger behielten selbst keinen Knopf am Rocke. Meinen Säbel erhielt ich mir nur dadurch, daß ich ihn zu meiner Selbsterhaltung zog und ihn hauptsächlich dazu benutzte, die Pferde meiner Neben= und Vordermänner damit auf den Beinen zu erhalten. Auch das meinige erfuhr die gleiche Behandlung, wozu es keiner mündlichen Uebereinkunft bedurfte, indem das eine stillschweigende, durch die Not gebotene Maßregel war. Die Schwierigkeiten vermehrten sich mit der Annäherung an die Brücke, wo der Boden durch die starke Passage so schlammig geworden war, daß Menschen und Pferde, einmal ins Straucheln gekommen, sich nicht wieder zu helfen vermochten und von den Folgenden überritten wurden."

Furchtbare Schilderungen entwirft der Sergeant der Kaisergarde François Bourgogne. Er schreibt: „An der Brücke angekommen, fand ich einen entsetzlichen Wirrwarr. Viele tausend Nachzügler, welche in ihrer geistigen und körperlichen Er= schlaffung die Nacht und den frühen Morgen nicht benutzt hatten über die Brücke zu gehen, fluteten jetzt, seit sie die Kanonen gehört, in einem mächtigen Strom heran. Das Gedränge war so groß, daß die Brücke bald zu einem Wege wurde, der nur noch über Tote und Sterbende führte. Viele der Nieder= gesunkenen faßten die Beine der über sie Hinwegschreitenden und wurden mit diesen von den Nachdrängenden ins Wasser gestoßen. Ueberall zwischen dem treibenden Eis tauchten Ertrinkende auf, die sich mit ihren letzten Kräften an die Schollen anklammerten, bald aber erstarrt und ermattet versanken. Aus all den eng zusammengepreßten Haufen, die an dem Ausgang der Brücke herausquollen und sich nun Luft machten, sah ich erdrückte Menschen nieder= fallen, welche von den nachfolgenden Massen rücksichtslos in den morastigen Grund des Ufers getreten wurden. Pferde und Menschen, die schwimmend oder über die Eisschollen hinweg den Uebergang versucht hatten und denen es geglückt war, das Ufer zu erreichen, fanden zum Teil nach nutzlosem Ringen, sich herauszuarbeiten, noch hier im Sumpf ihr Ende.

Es mochte zehn Uhr sein, als die zweite, der Artillerie und Kavallerie überwiesene Brücke unter dem Gewicht der Geschütze zusammenbrach. Fast alle Menschen und Pferde, die sich in diesem Augenblick darauf befanden, kamen dabei um. Von nun an wurde das Wirrsal immer größer, denn alles warf sich jetzt auf die erste Brücke, auf welcher schon ohnedem alles drunter und drüber ging. Lefebvre, der am Eingang der Brücke stand und dem Unwesen soviel als möglich Einhalt zu tun suchte, wurde samt seiner Begleitung von dem Gewühl erfaßt und nach dem jenseitigen Ufer mit fortgerissen.

Das ungestüme Drängen und der Tumult auf und an der Brücke nahm inzwischen beständig zu und wurde schließlich zu einem verzweiflungsvollen mörderischen Ringen, als die Russen den Marschall Victor angriffen und Voll= kugeln und Granaten in die dichten Massen schlugen. Von gegenseitiger Schonung war nun nicht mehr die Rede. Alle Wagen mit Verwundeten oder

sonstige Gefährte, welche die Brücke stopften, rollten jetzt in die Fluten. Un=
unterbrochen wie die Eisschollen trieben nunmehr die Leichen die Beresina
hinab. Um das Unglück vollzumachen, begann noch ein heftiges, von einem
eisigen Winde begleitetes Schneegestöber. Der Höhepunkt alles Grausens kam
aber erst zwischen acht und neun Uhr abends, als Marschall Victor den Rückzug
antrat. Seine Truppen mußten durch und überschritten die Brücke über einen
Berg von Leichen. Er ließ eine Nachhut zurück, welche erst hinter den noch
an der Brücke angesammelten Massen folgen sollte, diese aber ließen ebenso
wie die vorhergegangene Nacht, so auch die vom 28. zum 29. verstreichen,
ohne über den Fluß zu gehen. Erstarrt von der Kälte blieben sie, um sich
zu erwärmen bei den zurückgelassenen Wagen, die man absichtlich angezündet
hatte, um die unglücklichen Menschen zum Aufbruch anzutreiben.

Als es hell wurde, begab ich mich wieder zur Brücke, die dasselbe schreckliche
Schauspiel von gestern bot. Die Unglücklichen, welche in ihrem apathischen
Zustand es nicht über sich gewonnen hatten, die Nacht zu ihrer Rettung zu
benutzen, warfen sich nun am hellen Tage wiederum in dicht gedrängten Massen
auf den Uebergang. Jetzt war es aber zu spät, denn schon wurden die Anstalten
zum Abbrennen der Brücke getroffen. Viele erhofften mit Hilfe der Eisschollen
das andere Ufer zu erreichen, doch keinem der Aermsten gelang das. Bis an
die Schultern im Wasser mit glühendroten Gesichtern arbeiteten und kämpften
sie so lange gegen die Strömung, bis sie von der Kälte erstarrt in der
Flut verschwanden. Auf der Brücke bemerkte ich einen Marketender, der
sein Kind auf dem Kopfe trug, während seine vor ihm befindliche Frau
herzzerreißende Schreie ausstieß. Ich konnte nicht mehr hinsehen, es ging über
meine Kräfte. Mich abwendend sah ich nur noch, wie ein bespannter Wagen
mit einem verwundeten Offizier und mehreren Leuten ins Wasser stürzte, und
wie die Brücke nunmehr in Brand gesetzt wurde. Ich lief, was ich laufen
konnte, um nichts mehr zu hören und zu sehen.

Man sagt, daß die Szenen, welche sich jetzt abspielten, so haarsträubend
waren, daß sie sich jeder Beschreibung entziehen. Die Einzelheiten, die ich auf=
führte, sind nur kleine Skizzen des grauenvollen Bildes, mit welchem der Name
der Beresina für alle Zeiten verbunden ist."

Daß Napoleon mit solchen Truppen und unter solch entsetzlichen Umständen
manövrieren, den dreifach überlegenen Feind abwehren, zwei Brücken über
den hochgeschwollenen Strom, dessen Wasser mit Eis ging, schlagen und den
größten Teil seiner Armee hinüberbringen konnte, bleibt, wie Max Lenz in seiner
Napoleonbiographie mit Recht hervorhebt, einer der stärksten Beweise für die
unbeirrbare moralische Kraft des gewaltigen Kriegshelden.

Freilich das Geschick zu wenden, vermochte er nicht. Kälte, Hunger, die
Kosaken führten die Trümmer der Armee, die über Zembin, Malodeczno,
Smorgoni auf Wilna floh, bis ins äußerste Verderben. Wir verzichten darauf die
grausigen Einzelheiten dieser Schlußkatastrophe zu schildern. Es wären Wiederho=

lungen der früheren Schilderungen, Bilder des Jammers, „für die kaum der Pinsel eines Weretschagin oder die Phantasie eines Dante ausreichen." Wenn überhaupt noch Reste den Njemen erreichten, so war das einzig und allein der lässigen Verfolgung durch die Russen zuzuschreiben. Am 29. (17.) und 30. (18.) November hatten sie Rasttag gemacht. Auch bei den Russen machte sich die Wirkung des Klimas geltend: von dem bei Malojaroslawetz noch rund 100,000 Mann starken Heer Kutusows erreichten nur 30,000 Wilna. In den Schwadronen waren nach Löwenstern nur noch 20—30 Mann dienstfähig. Nur die wilden Steppensöhne der Ukraine, deren Körper jedem Wetter trotzte, waren nach wie vor der Schrecken der abgehetzten Wanderer, die sie von ihren

Napoleon verläßt in Wilna die Armee.

Lagern aufscheuchten und auf Wilna zu hetzten, das jene in fiebernder Sehnsucht zu erreichen hofften. Und dasselbe Elend, wie in Smolensk, erwartete sie hier: die hier aufgehäuften Vorräte wurden von den zuerst Eintreffenden geplündert, der Rest fiel in die Hände der Verfolger. Dazu wüteten in den Spitälern Flecktyphus und Ruhr und machten sie zu wahren Pesthöhlen. Auch hier trieb die Gier der plündernden Kosaken ihr entsetzliches Spiel, vollendeten Hunger und Kälte, die bis zu 30 Grad stieg, ihr grausiges Werk. „Von allen Dämonen des Elendes und der Verzweiflung gepeitscht, rannten die wenigen Tausende, die dem Verderben entrannen, dem Njemen zu."

Napoleon hatte am 5. Dezember (23. November) das Heer verlassen. Die Nachricht von einem tollen Putschversuch in Paris hatte ihn in dem Gedanken bestärkt, daß sein Platz jetzt dort sei. Das berühmte, von Malobeczno datierte Bulletin vom 3. Dezember meldete der Welt, daß der Kaiser wohl, die Große

Armee aber vernichtet sei. In rasender Eile führte ihn der Schlitten durch Polen: am 14. (2.) Dezember war er in Dresden, am 18. (6.) in Paris.

Den Oberbefehl hatte er in Murats Hände gelegt. Er befahl ihm den Njemen um jeden Preis zu halten, im nächsten Frühjahr wollte er selbst wieder zur Stelle sein, um den Feldzug mit neuen Kräften aufzunehmen. Aber Murat war dieser Aufgabe an sich nicht gewachsen, die Lossagung Preußens vom Bündnis mit Frankreich, eingeleitet durch die von General York bei Tauroggen geschlossene Konvention mit General Diebitsch — wovon eingehend noch die Rede sein wird — machte sie überhaupt unlösbar. Napoleon hatte recht gehandelt, als er die Armee verließ: der Feldzug war zu Ende. Als General hatte er seine Pflicht getan; was noch an Truppen vorhanden war, konnte auch ein anderer zur Grenze retten, so weit das möglich war. Er mußte sehen, wie er der drohenden Empörung, dem Abfall der Welt die Spitze bieten konnte. 612,000 Mann waren nach und nach über den Njemen ostwärts gegangen, 40—45,000 Mann kamen außer den Flügelheeren zum Njemen zurück. „Den Rest bedeckte das Schweigen des Schneefeldes von Rußland.“

Durch die Welt aber tönte das Fluchtlied, das wohl in Riga entstanden ist:

„Mit Mann und Roß und Wagen,
So hat sie Gott geschlagen.
Es irrt durch Schnee und Wald umher
Das große mächtige Franzosenheer:
Der Kaiser auf der Flucht,
Soldaten ohne Zucht —
Mit Mann und Roß und Wagen,
So hat sie Gott geschlagen.

Jäger ohne Gewehr,
Kaiser ohne Heer.
Heer ohne Kaiser,
Wildnis ohne Weiser.

Trommel ohne Trommelstock,
Kürassier im Weiberrock,
Ritter ohne Schwert,
Reiter ohne Pferd.

Fähnrich ohne Fahn',
Flinten ohne Hahn,
Büchsen ohne Schuß,
Fußvolk ohne Fuß.

Feldherrn ohne Witz,
Stückleist ohne Geschütz,
Flüchter ohne Schuh,
Nirgend Rast und Ruh.

Speicher ohne Brot,
Aller Orten Not,
Wagen ohne Rad,
Alles müd und matt,
Kranke ohne Wagen —
So hat sie Gott geschlagen!"

Das war das Ende der Großen Armee. Furchtbar hatte sie die Nemesis getroffen.

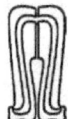

# Der Feldzug in Kurland und vor Riga 1812.

## I.

### Der Einmarsch über Litauen nach Kurland.

Dem weiteren Laienpublikum ist der Feldzug von 1812 in Kurland und vor Riga eine terra incognita. Und doch sollte dem nicht so sein. Ist er doch, seit 1710 die Kanonen vor Riga donnerten, der einzige Krieg, den unsere Heimat im Verlauf von bald zweihundert Jahren gesehen hat. Er war ferner das erste und letzte Zusammentreffen preußischer und russischer Waffen seit dem siebenjährigen Kriege. Er war endlich die Vorbereitung der durch Scharnhorst, Clausewitz und deren Genossen nach dem Zusammenbruch von Jena und Auerstedt reorganisierten preußischen Armee zu dem glorreichen Befreiungskampf gegen die Napoleonische Zwingherrschaft. „Es war", heißt es im preußischen Generalstabswerk über den Feldzug in Kurland 1812, „gewissermaßen die Armee selbst in ihrer neuen Einteilung und Ausbildung, die dort ihre erste Feuerprobe nach schwerer Unglückszeit siegreich bestand. Das gesunkene Selbstgefühl hob sich, verwischt wurden die schmerzlichen Erinnerungen des Krieges, die kriege=rischen Tugenden des Volkes lebten wieder auf. Das Lagerleben, ein aufreibender, mit steten Gefechten verbundener Vorpostendienst, Entbehrungen aller Art bildeten eine vortreffliche Schule, die in der eigenartigen Zusammensetzung der Truppen dem ganzen Heere für die folgenden großen Kämpfe zugute kam. Männer wie York, Kleist und Horn gaben ein leuchtendes Beispiel hoher Pflichttreue, indem sie, entgegen ihren innersten Empfindungen, nur dem Befehl des Königs gehorchend, ihr bestes Können in den Dienst des eigentlichen Feindes stellten.

Selbst Vorbilder strengen Gehorsams und ritterlicher Tapferkeit, wußten sie das Vertrauen der Truppen und ihrer Führerschaft zu wecken und zu befestigen. Wie glänzend sollte sich diese schon in dem nächsten Jahre erweisen!"

*　　*　　*

Für den Feldzug des preußischen Korps, das ursprünglich militärisch selbständig stehen und operieren sollte, von Napoleon aber in Nichtachtung der Pariser Konvention als 17. Division dem 10. Korps unter Macdonald, Herzog von Tarent, einem ritterlichen und humanen Offizier, dessen militärische Gaben aber den Durchschnitt nicht überragten, unterstellt wurde, kam der zwischen Ostsee, dem Rigaschen Meerbusen, der Festung Dünamünde und der Wilja gelegene Nordabschnitt mit der Düna als Ostgrenze in Betracht. Er bildete ein hügeliges, mit Wäldern und Sümpfen bedecktes Gelände, durchflossen von zahlreichen Flüssen und Bächen, die sich teils in das Meer, teils in die kurländische Aa ergießen. Nördlich von Schaulen flacht sich das Land nach der unteren Düna zu ab. Für eine größere Armee bot das Land nur wenig Hilfsmittel. „Nur hin und wieder" — schreibt ein junger preußischer Offizier in sein Tagebuch — „traf man auf elende Ortschaften, die kaum den Namen von Dörfern, geschweige von Städten verdienten, indem sie aus niedrigen, mit Stroh bedeckten Hütten von Holz bestanden, die sich durch Armut, Unordnung und Schmutz gleich auszeichneten". Eine Oase bildeten in Kurland die Landgüter, Pastorate und leidlich gehaltenen Krüge. Die Wege waren schlecht, über die Moräste führten nur Knüppeldämme, größere Lasten wurden in der Regel nur im Winter auf Schlitten bewegt.

Den Preußen war in erster Reihe die Mitau durchströmende und bei Dünamünde in die Düna fließende kurländische Aa mit ihren Nebenflüssen von Wichtigkeit, in zweiter Reihe die Düna, die an der oberen kurländischen Grenze ca. 250 Schritt breit, bei Riga sich zu 800 Schritt und zur Mündung zu noch mehr erweitert. Das preußische Hilfskorps war aus Truppenteilen der ganzen Armee zusammengesetzt und bestand aus 14,000 Mann Fußvolk, 4000 Reitern und 60 Geschützen mit 2000 Mann Bedienung. Oberbefehlshaber war auf Napoleons Wunsch der General der Infanterie v. Grawert geworden, dem jedoch Friedrich Wilhelm III. noch einen zweiten Oberbefehlshaber in dem Generalleutnant v. York zur Seite gesetzt hatte, der sich seines besonderen Vertrauens erfreute.

Die Gründe für die Schaffung dieser eigentümlichen Stellung erhellt zur Genüge aus der Kabinettsordre an York. Es heißt darin unter anderem: „. . . . . . Zum Oberbefehlshaber dieses Korps habe ich nach den Wünschen des Kaisers Napoleon den Generalleutnant von Grawert ernannt. Da es Mir aber sehr wichtig ist, das ganze Korps noch einem zweiten General untergeordnet zu wissen, der sich durch seine Kriegserfahrenheit, seine Tätigkeit und seine Anhänglichkeit an Meine Person Mein Vertrauen in gleichem Grade erworben hat, so ernenne Ich Sie hiermit zum Zweiten Befehlshaber desselben unter dem Oberbefehl des Generalleutnants v. Grawert in der Ueberzeugung, daß Sie dieser neuen Bestimmung sich gern unterziehen und Mir in derselben bei eintretenden ernsten Fällen gewiß bald Gelegenheit geben werden, Ihnen Mein Wohlgefallen besonders zu betätigen."

Der König hatte eigenhändig hinzugefügt: „Es ist Mir äußerst viel daran gelegen, daß Sie die Ihnen bestimmte Stelle annehmen, da Mir Ihre bewährte Treue, Anhänglichkeit und Kriegserfahrenheit zur Genüge bekannt ist und ein solcher zuverlässiger Mann bei diesem Korps und unter solchen Umständen unumgänglich notwendig wird. Ich werde jede Gelegenheit wahrnehmen, Ihnen dafür Meine Dankbarkeit zu beweisen."

York fügte sich, wenn auch schweren Herzens, den Wünschen seines Königs. Er selbst äußerte sich darüber in einer späteren Denkschrift: „. . . . . Ich mußte ins Feld rücken, in einen Kampf gegen mein Gefühl und unter so widrigen Verhältnissen, daß nur meine Unterwürfigkeit gegen den mir stets heiligen Willen meines Königs mir Gehorsam gebot. Der erste Teil des Feld=zuges 1812 war sehr niederdrückend für mich, mein Obergeneral hatte ganz andere und leidenschaftlichere Ansichten über den Feldzug als ich."

Um Uebergriffen und Plünderungen vorzubeugen, erließ Marschall Macdonald einen strengen Befehl, worin jedem Offizier, welchen Grades er sei, der einen für das Korps bestimmten Transport anhalten oder sich eine vorschriftswidrige Wegnahme von Lebensmitteln aus den Magazinen oder von den Wagen zu schulden kommen lassen würde, Bekanntmachung seines Namens bei Parole, Entfernung vom mobilen Korps und kriegsgerichtliche Bestrafung nach voran=gegangener Meldung beim Kaiser angedroht wurden.

Daß auch beim preußischen Korps bei den großen Entbehrungen und dem schlechten Beispiel der 7. Division Ausschreitungen vorkamen, ist nicht zu verwundern, jedoch fanden sie nur vereinzelt statt. Schon im Tagesbefehl vom 23. Juni hatte der Marschall infolge der Reibungen, die bei Verteilung der Lebensmittel vorkamen, angeordnet, daß die Divisionskommandeure die erfor=derlichen Bedürfnisse durch regelmäßige Beitreibungen sichern und dieselben „zur brüderlichen Verteilung im 10. Korps" bei den Divisionsparks niederlegen sollten. Der Intendant des preußischen Korps und der Kriegskommissar der 7. Division waren angewiesen, sich über die gleichmäßige Verteilung, im Ver=hältnis der Stärke ihrer Truppen, zu einigen. Zum Glück für die Preußen wurde der Intendant des preußischen Korps, Königl. Preußischer Staatsrat Ribbentrop, am 3. Juli mit den Obliegenheiten eines Intendanten (ordonnateur en chef) für das ganze 10. Korps betraut. Der ausgezeichneten Pflichttreue und Tätigkeit dieses Beamten hatte das preußische Korps es nicht zum wenigsten zu verdanken, daß seine Verpflegung von diesem Zeitpunkt an eine gute war und es solange blieb, bis ein französischer Beamter an seine Stelle trat.

Der von Kaiser Napoleon geforderte 20tägige Bedarf an Lebensmitteln, den die Truppen mit sich führen sollten, war in folgender Weise verteilt: Der Mann trug in seinem Fouragierbeutel 4 Pfd. Brot, 1 Pfd. Zwieback, 1 Pfd. Reis, d. h. für 3 Tage Brot und 6 Tage Reis. Jede Kompagnie, Eskadron, Batterie hatte einen 4spännigen Proviantwagen mit Brot und Zwieback für 5 Tage. Die 12 Brot= und Mehlwagenkolonnen, je 2 bei jeder der 3 Train=Kompagnien, führten den Bedarf für weitere 12 Tage mit. Be=schwerlicher war der Transport der Fourage, die man nur für 2 Tage mit=führen konnte. Auch ihre Beschaffung war nicht immer möglich gewesen, und man hatte schon zur Hälfte Roggen verausgaben müssen.

Die größte Schwierigkeit aber machte die Geldverpflegung bei Truppen. Bei der gänzlichen Leere der Regierungskasse in Königsberg hatte der komman=dierende General es nur durch die Beschlagnahme aller Provinzialkassen ermöglicht, bisher den Truppen ihren Sold zahlen zu können. Im späteren Verlaufe des Feldzuges erhielten die Regimenter oft monatelang keine Löhnung. Die Ausstattung der Truppen mit Schuhen und kleineren Ausrüstungsstücken war gut, dagegen fehlte es noch Ende Juni an den für die Kriegsausrüstung der Truppen erforderlichen neuen großen Montierungsstücken.

Die dem Macdonaldschen Korps zufallende Aufgabe lag in den Verhältnissen offen begründet: es sollte die linke Flanke der großen, nach Rußland eindringenden Armee sichern, die zum Schutz Petersburgs nördlich der Düna stehenden russischen Truppen unter Wittgenstein festhalten und später

Etienne Jacques Josef Alexander Macdonald, Herzog von Tarent, Marschall von Frankreich, geb. 17. Nov. 1765 in Sedan. † 24. Sept. 1840. Trat 1784 in französische Kriegsdienste, kämpfte mit Auszeichnung während der Revolutionskriege in Belgien, Holland und Italien, wurde aber 1799 an der Trebbia geschlagen. Für sein glänzendes und entscheidendes Eingreifen in die Schlacht bei Wagram ernannte ihn Napoleon zum Marschall und Herzog von Tarent. 1810 befehligte er in Katalonien, 1812 den linken gegen Riga operierenden Flügel. 1813 wurde er an der Katzbach von Blücher geschlagen. Bei Leipzig befehligte er das XI. Armeekorps, machte den Feldzug 1814 mit, riet jedoch Napoleon zur Abdankung. Die Hundert Tage brachte er auf seinen Gütern zu. Nach der zweiten Restauration wurde der durch Ehrenhaftigkeit und Selbstlosigkeit ausgezeichnete Marschall Pair und Großkanzler der Ehrenlegion. Nach der Julirevolution zog er sich auf sein Schloß Courcelles zurück. Er hat „Denkwürdigkeiten" hinterlassen, die 1892 herausgegeben worden sind.

mit dem Oudinotschen Korps gemeinsam gegen sie zur Offensive vorgehen, wenn möglich auch gegen Petersburg vorstoßen. Vorbedingung für diese weitgehenden Pläne war die Einschließung und Eroberung Rigas, wo der Kriegsgouverneur

von Essen, dem als Generalstabschef der frühere preußische Major v. Tiede=
mann zur Seite stand, nur über knappe 15,000 unausgebildete Soldaten
(Rekruten und Depottruppen) verfügte und auch die Festungswerke, obwohl

Johann David Ludwig Graf York von Wartenburg,
geb. 26. Sept. 1759 in Potsdam, gestorben 4. Okt. 1830 zu Klein=Oels bei Breslau. Er
trat 1772 in die preußische Armee, dann 1781 in die holländische, kämpfte in Ostindien,
kehrte 1787 als Kapitän in preußische Dienste zurück. 1806 fiel er mit der Nachhut des
Blücherschen Korps in französische Gefangenschaft, wurde 1807 ausgewechselt und erwarb
sich als Generalinspektor große Verdienste um die Ausbildung der leichten Truppen. 1811
Generalgouverneur von Preußen, 1812 zuerst unter Grawert, dann an erster Stelle Befehls=
haber der Preußen unter Macdonald vor Riga und in Kurland. Schloß 30. Dez. 1812 die
Konvention von Tauroggen. Im Frühjahr 1813 kämpfte er bei Groß=Görschen und Bautzen,
erhielt dann den Oberbefehl über die I. preußische Armee, zeichnet sich an der Katzbach aus,
erzwingt 3. Okt. den Elbübergang bei Wartenburg und entscheidet bei Leipzig die Schlacht
bei Möckern. 1. Jan. 1814 geht er bei Kaub über den Rhein, focht mit Bravour bei Chalons,
Montmirail, bei Laon und vor Paris. Nach dem Frieden erhielt er das Generalkommando
in Schlesien, wurde zum General der Infanterie und Grafen von Wartenburg ernannt und
erhielt Klein=Oels als Nationaldotation. 1821 wurde er Generalfeldmarschall.

verbessert, einer ernstlichen Belagerung nicht hätten Stand halten können. Riga hätte in preußisch-französischem Besitz ein vortreffliches Winterquartier und die natürliche Operationsbasis gegen Wittgenstein abgegeben. Sein Verlust hätte in moralischer Hinsicht einen großen Eindruck gemacht und wäre namentlich auch in der Beziehung bedeutsam gewesen, daß Riga damals der einzige Hafen war, der mit England Handel trieb und der von Napoleon verfügten Kontinentalsperre trotzte. Welcher Triumph für Napoleon, diesen Hafen in seiner Hand zu wissen! Wäre man in Eilmärschen auf Riga mit kühnem Wagemut losgegangen, es wäre höchst wahrscheinlich trotz der kleinen englischen Flotte, die unter Admiral Martin kreuzte und vornehmlich von Dünamünde aus auf der Düna und der kurländischen Aa operierte, geglückt, die Festung zu überrumpeln. Statt dessen erging sich Macdonald in ängstlichen Maßnahmen gegen einen Feind, der garnicht da war, und gab Essen in Riga Zeit sich vorzubereiten. Vergeblich hatte der Kaiser ihm am 9. Juli (27. Juni) aus Wilna vorgeschrieben, schnell zu handeln; erst eine zweite Weisung Napoleons, er möge die Aufmerksamkeit der bei Riga stehenden Russen auf sich ziehen, da er zwischen dem 18. (6.) bis 20. (8.) Juli eine Schlacht an der oberen Düna erwarte, bewog Macdonald, am 16. (4.) Juli den Vormarsch durch Litauen in verstärktem Tempo aufzunehmen und die Richtung auf das kleine kurländische Städtchen Bauske zu nehmen. Am 18. (6.) besetzte die Avantgarde der Division Grandjean das Städtchen, schwenkte dann aber auf Friedrichsstadt und Jakobstadt an der oberen Düna ab, während allein die Preußen den Befehl erhielten, durch Kurland auf Riga zu marschieren und es von der Südseite zu zernieren, ein Plan, dessen Zwecklosigkeit auf der Hand lag, da eine solche teilweise Einschließung niemals zur Kapitulation der mit der See in Verbindung bleibenden und im Norden unbelagerten Festung führen konnte. Es war zudem nicht einmal die ganze preußische Truppenmacht, die gegen Riga dirigiert wurde, da Generalleutnant von York mit einer Abteilung und Geschütz in Memel geblieben war, von wo er auf Macdonalds Befehl ein Detachement unter Oberst Jürgaß nach Mitau, eins unter Major von Reuß nach Libau vorschob, wo die englische Flotte vor dem Hafen kreuzte. Bei dem auf Libau vorgehenden Truppenkörper befand sich der Leutnant von Hartwich, dessen anschaulichen Tagebuchaufzeichnungen wir amüsante Mitteilungen über das Stilleben der Stadt und über ein blutiges Renkontre im Hafen verdanken. Ueber Polangen, die heilige Aa, Rutzau ging es „fast unausgesetzt durch Wälder, wo öde Fichten mit herrlichen Tannen und Buchen (?) abwechselten", weiter über Niederbartau, das damals einem Herrn von Funk gehörte, einem Onkel des Kommandeurs des zur Abteilung gehörenden Füsilier-Bataillons Nr. 7, der alle gastfrei aufnahm; dann an der Ostküste bis Libau, wo man am 20. (8.) Juli ankam und einige gemütliche Wochen verlebte. Nachdem auf Macdonalds Befehl eine allgemeine Entwaffnung durchgeführt worden war, marschierten die Preußen, die Ordre erhalten hatten, am 8. August (27. Juli) über Durben, Rubbahren, Schrunden, Frauenburg, Grenzhof, Doblen nach Mitau, wo sie am 13. (1.) August eintrafen.

Währenddessen waren die preußischen Hauptkräfte unter Grawert auf dem Anmarsche gegen Riga. Macdonald war nach Friedrichstadt und Jakobstadt mit der Division Grandjean gezogen, später verlegte er sein Hauptquartier, um der Großen Armee näher zu sein, sogar nach Dünaburg.

---

## II.

### Vorbereitungen zum Empfang des Feindes in Kurland und Riga. — Okkupation Kurlands.

In Kurland, der zuerst durch den Einfall der Feinde bedrohten Provinz, die erst wenig über 15 Jahre mit dem russischen Reich vereinigt war, machten sich die Anzeichen des Schweren, was zu erwarten stand, schon Anfang des Jahres 1812 bemerkbar: bereits seit drei Jahren hatte der Handel unter dem Einfluß der Kontinentalsperre und der Unsicherheit auch in Kurland einen allgemeinen Rückgang erfahren, die Preise für Getreide und Vieh waren arg zurückgegangen. Zahlungsstockungen traten allenthalben auf, jeder wollte sich des Bargeldes im Hinblick auf die kommenden Tage nicht entäußern. Gleichwohl hat Kurland mit den übrigen Teilen des Reiches an Opferwilligkeit gewetteifert. Die am 12. April anbefohlene Bildung von Verpflegungsmagazinen legte der Bevölkerung große Lasten von Mehl, Grütze, Fleisch und Branntwein auf. Im Mai wurden fliegende Magazine gebildet, die bedeutende Podwoden (Pferdestellung) beanspruchten; sie können auf 25,000 Stück geschätzt werden. Manche Fuhren mußten 300—500 Werst machen. Im ganzen hat Kurland Proviant für 1,109,470 Rbl. geliefert, von denen 489,217 Rbl. freiwillige Spenden darstellten. Der Adel und die übrige Bevölkerung haben unter den ungünstigen Zeitläuften sich sehr anstrengen müssen, um das Verlangte zur Stelle zu schaffen.

Gouverneur von Kurland war der Geheimrat Friedrich Wilhelm von Sivers, livländischer Landrat, ein Mann, der durch seinen Geist und seine Energie die meisten überragte und durch seine Bemühungen, auf dem Livländischen Landtag 1803 die Bauerreform herbei zu führen, die die Leibeigenschaft in eine Erbuntertänigkeit umwandelte, sich Liebe und dankbare Verehrung erworben hatte. Freilich, seine rücksichtslose Art, mit der er das für recht Erkannte durchsetzte, fand nicht immer Billigung und hatte in den Kreisen seiner livländischen Standesgenossen ihm manchen Gegner geschaffen. Als die Kriegsgefahr unausweichlich geworden war, begann ein allgemeiner Exodus aus Kurland. Wer konnte, flüchtete nach Riga und von dort ins Innere Livlands oder nach Oesel. Aus Mitau und den anderen Städten wurden die Archive und Kronskassen nach Riga gebracht. 200,000 Rbl. Kupfergeld, das im Mitauer Schloß lagerte, führte man auf Lodjen nach Riga; aus Libau und Windau wurde das Geschütz seewärts fortgebracht oder an Ort und Stelle vernichtet

Als der Feind in Litauen einrückte, mußten die Bauern zu neuen Pod=
woden herangezogen werden, um aus den bedrohten Magazinen alles nach
Riga überzuführen. Alle Wege nördlich der Aa waren mit endlosen Fuhren=
zügen bedeckt, um Mitau sah es einer Völkerwanderung ähnlich. Der Wirrwar
und die Not steigerten sich noch, als die abziehenden russischen Truppen, um
dem Feinde nichts zu hinterlassen, auf Befehl des Kriegsministers gegen
Quittung den Bauern Pferde und Vieh abnahmen, Wagen und Schlitten zer=

Landrat Friedrich von Sivers,
Senateur und Gouverneur von Kurland 1748—1823.

brachen, Wege und Brücken untauglich machten. — In dieser Verfassung fand
der Feind — Macdonald und die Grawertsche preußische Division — Kurland,
als er Anfang Juli über die Grenze rückte.

In Livland, wo die Festung Riga den Hauptstützpunkt des Widerstandes
bilden sollte, lagen die Verhältnisse nicht so schlimm, wie in dem aufgegebenen
Kurland. Livland, in seinem Gebiet fast völlig vom Kriege verschont, hat dafür
mit großer Opferwilligkeit den Anforderungen der Kriegsverwaltung entsprochen.
Der Wert der Leistungen der Podwoden, Proviant= und Pelzlieferungen,
der Arbeitstage für den Festungsbau beziffert sich offiziell auf 3,095,364 Rbl.

Die Zahl der Pferdetage berechnete man auf 186,000, der Arbeitertage zu Fuß auf 125,000. Obwohl eine Entschädigung aus der Kronskasse dafür vorgesehen war, verzichtete die Ritterschaft auf sie und wurde infolgedessen des warmen Dankes Kaiser Alexanders I. gewürdigt.

In Estland beschloß der Adel, je 17 Rekruten von 500 Seelen zu stellen und 20 Offiziere auszurüsten. Er hat außerdem Militärnaturallasten im Wert von 593,902 Rbl. aufgebracht. Ganz beispiellos groß war die Zahl der in der russischen Armee für Kaiser und Reich als Offiziere dienenden baltischen Edelleute: allein aus Estlands Adel werden 324 Offiziere genannt.

Die Hauptstadt und Festung Riga war auf der rechten Seite der Düna durch fünf bastionierte Fronten und ein gleichfalls bastioniertes Fünfeck (Zitadelle) sowie gut erhaltene nasse Gräben geschützt. Man hatte sich hier auf Ausbesserungen, Palissadierung und Anlage einiger vorgeschobener Werke beschränkt. Auf der linken Seite dagegen arbeitete man schon seit 1811 an einem geräumigen Brückenkopfe, der vor Beginn des Krieges fertig wurde und aus mehreren sich gegenseitig unterstützenden Werken bestand. Auch Dünamünde wurde befestigt, Strandbatterien schützten die Einfahrt in die Düna. Insgesamt hatten die Russen hier 5—600 Geschütze mit bedeutendem Munitionsvorrat. Militär-Generalgouverneur von Liv- und Kurland war seit dem 12. Juni (31. Mai), wie schon oben erwähnt, Generalleutnant Iwan von Essen I., als solcher Kommandierender aller Truppen. Von ihm, der am 16. (4.) Juni aus Wilna in Riga eintraf, entwirft der Generalleutnant J. F. Emme, Kommandant der Festung Riga, folgende Charakteristik:

„Was die moralischen Eigenschaften des Generals betrifft, seine Treue, Redlichkeit und Ehrenhaftigkeit, von denen er sich stets leiten ließ, so erschien er von dieser Seite als tadellos. Leider aber brachte er sich, dank seinem heftigen und über die Maßen aufbrausenden Charakter, zuweilen in eine unrichtige Lage in schwierigen Fällen, die sowohl ihn selbst, als auch die ihm übertragene Verwaltung betrafen, da er den Ratschlägen von Personen, die ihn umgaben, zu viel Bedeutung beimaß und sich ihnen leicht unterordnete. Außer der ihm eigenen Unentschlossenheit in seinen Anordnungen kam oft und sehr zur Unzeit über ihn eine Furcht, zuweilen sogar etwas wie ein panischer Schrecken, der übrigens nicht aus Feigheit hervorging, was er mehr als einmal zu beweisen Gelegenheit hatte, sondern allein aus Furcht vor der auf ihm liegenden Verantwortung. Dieser Umstand schadete bei allen seinen guten Absichten seiner Ehre. Der ließ ihn auch oft den Kopf verlieren und vor einer Stunde getroffene Anordnungen abändern; er war fast nie überzeugt davon, in wie weit sie dem gegebenen Augenblick entsprachen."

Man wird nicht sagen können, daß Essen die Persönlichkeit war, die die Lage erforderte. Einer seiner ersten Schritte war die Verlegung der lokalen Behörden unter dem Zivilgouverneur Duhamel nach Pernau.

Am 29. (17.) Juni wurde dann der Belagerungszustand proklamtert. General Essen wandte zugleich seine Aufmerksamkeit der Ausbildung der vielfach aus Rekruten bestehenden Truppen zu. In der Stadt, deren Bevölkerung vom besten Geiste beseelt war, unterstützte ihn die Bürgerwehr. Schwere Sorge bereitete ihm offenbar schon von Beginn an der Paragraph 57 Punkt 3 der „Allgemeinen Verordnung vom 5. Juni", der vorschrieb: „Wenn der Feind weniger als drei Tagemärsche von einer Festung entfernt ist, so hat der Kommandant die Ermächtigung, innerhalb der Festung alles zu zerstören, was die Tätigkeit der Truppen und die Wirksamkeit der Geschütze hindern kann, außerhalb alles, was dem Feinde Sicherung gewähren und seine Annäherungs= arbeiten begünstigen kann."

Handelte Essen nach dem Wortlaut der Instruktion, so mußte er die der Festung vorliegenden Vorstädte Rigas spätestens in Brand stecken, sobald der Feind Mitau besetzte. Daß ein solches Unheil über die Vorstädte über kurz oder lang hereinbrechen würde, das war in Riga offenbar allgemeine Ueber= zeugung und nicht der letzte Grund dafür, daß auch aus Riga eine allgemeine Flucht der Besitzlichen stattfand.

An militärischen Maßnahmen hatte Essen zur Beobachtung von Bauske und für Erkundung des feindlichen Anmarsches eine stärkere Truppenabteilung unter General Weljaminow nach Mitau vorgeschickt. Seine Patrouillen hatten bei Schaulen und Ponewesch mit den anrückenden Preußen Fühlung gewonnen. Während er noch in Mitau stand, wurde er durch den General F. v. Löwis, einen tüchtigen, besonnenen Offizier, abgelöst.

Zwischen Riga und Dünamünde und auf der Reede stand die Bootsflot= tille des englischen Admirals Martins. Sie sollte, sobald Riga zu Lande ein= geschlossen war, den Verkehr zur See aufrechterhalten, auf der eine englische Flotte die preußische Küste beunruhigen und geheime Verbindungen mit den Landeseinwohnern im Rücken der feindlichen Armee unterhalten sollte. Die Böte, — Kanonierschaluppen genannt — waren teils russische (21), von der Schärenflotte stammende, teils englische (18). Geschützausrüstung und Beman= nung waren meist englischer Herkunft. Jedes von ihnen führte zwei schwere Geschütze oder Mörser im vorderen und hinteren Teil, in der Mitte befanden sich zwei 2—3=Pfünder zum Seitenfeuern. Sie waren mit Segeln und Rudern versehen und mit 5—6 Matrosen und 40—60 Infanteristen bemannt.

Da Riga von der Landseite nicht vollständig zerniert worden ist, so hat die Flottille auch nicht die Rolle gespielt, die ihr zugedacht war.

Im langsamen Vormarsch waren die Preußen von Ponewesch in drei Kolonnen über die kurländische Grenze gerückt. Ein Versuch des Generals von Löwis, ihnen bei Eckau die Spitze zu bieten, war am 19. (7.) Juli ge= scheitert. Löwis gab nunmehr dem Gouverneur von Kurland Fr. v. Sivers den Befehl, Mitau sofort zu räumen und die dort stehenden Truppen nach Riga zu führen.

Der 20. (8.) Juli war für Mitau ein schwerer Tag. In Erwartung des Abzuges der russischen Truppen hatten sich auf dem anderen Ufer der Aa Räuberbanden angesammelt, die Sivers durch Salven zerstreuen ließ. Nachdem Sivers die Aafloßbrücke als letzter überschritten hatte, ließ er sie abbrechen, um so auch den Marodeuren den Eintritt unmöglich zu machen. Angeschlagene

Bekanntmachungen des abziehenden Gouverneurs dankten den Bewohnern für ihre Treue und Ergebenheit und empfahlen die Stadt zugleich der Schonung und Menschlichkeit eines achtungswerten Feindes. Den Befehl, Mitau zu verbrennen, führte Sivers nicht aus. Er nahm, wie sein Biograph Sonntag sagt, die Verantwortung dafür auf sich, und sein Monarch dankte dem mutigen Manne für die Ignorierung des erhaltenen Befehls herzlicher, als er ihm für seine Erfüllung hätte danken können.

Kaum waren die Behörden und die Truppen abgezogen, so begannen

Friedrich von Löwis of Menar.

Banden von Bauern aus der Umgegend in die Stadt zuströmen, um sich der noch zurückgebliebenen Vorräte zu bemächtigen und zu plündern. Zwischen den lettischen Bauern und den Bürgern kam es zu drohenden Zusammenstößen und erst, als am späten Abend zwei Kompagnien preußischer Infanterie einrückten und der Oberst Raumer die Plünderer auseinandertreiben ließ, atmeten die Bürger auf. Am 25. (13.) Juli wurde hierauf vom Oberkommandierenden General Grawert eine Proklamation angeheftet, in der es hieß: „Unter der Bauernbevölkerung haben sich lügnerische Gerüchte verbreitet, daß der Krieg und die Anwesenheit der preußischen Truppen die Bauern von ihren Verpflich=

tungen an die Gutsbesitzer befreie. Um dieser Lüge die Spitze abzubrechen, erkläre ich hiermit, daß bis auf eine höhere Anordnung keinerlei Veränderung in der Verwaltung der Provinz und in den Beziehungen von Gutsherr und Bauer eintritt und daß das preußische Korps solche Beziehungen nicht nur nicht verletzen, sondern im Gegenteil sie energisch aufrechterhalten, die Ordnung schützen und jeden streng bestrafen wird, der sich sie zu verletzen unterfängt."

Kein Wunder, daß man in Kurland mit Dankbarkeit des preußischen Regimes gedachte und Leutnant v. Hartwig diese Empfindung weiter Kreise, die freilich nichts mit einer Zuneigung zu Napoleon zu tun hatte, in seinem Tagebuch vermerken konnte. Keiner hat diesem den Treueid geleistet, und in den Kirchengebeten wurde stets Kaiser Alexanders gedacht.

In der ersten Zeit machte sich die veränderte Herrschaft denn auch wenig bemerkbar. Der russische Reichsadler war überall geblieben; dieselben Behörden und Beamten wirkten weiter.

In Mitau wurde zum Platzkommandanten Major Both ernannt, der die Polizeifunktionen ausübte; in den kleinen Städten funktionierten gleichfalls überall preußische Offiziere. Die Hauptarbeit betraf die Verpflegung und Einquartierung der preußischen Truppen, die natürlich den Bewohnern des Landes auferlegt wurde. Diese Obliegenheiten wurden dem „Zivil-Komitee zur Erfüllung der Militär-Requisitionen" aufgetragen, das, wie auch die russischen Quellen betonen, alles aufgewandt hat, um die Lasten zu erleichtern. Ein am 23. (11.) Juli erlassenes Reglement gab die allgemeinen Gesichtspunkte dafür an. So viel wie möglich wurde das Militär aus den Magazinen verpflegt, die Bürger wurden mit der Naturalverpflegung verschont. Im Komitee saßen seitens des Adels Hauptmann von Franck und Rentmeister Baron Stempel, seitens der Bürger die Advokaten Mönch und Grützmacher; den Magistrat vertraten Assessor Charpentier, Kaufmann Hafferberg und die Aelterleute Classon und Rohrbach.

Zum Unglück für Kurland wurden diese preußischen Anordnungen bereits am 13. (1.) August von Grund aus abgeändert und die ganze Verwaltung französischen Beamten übergeben. Seitdem lernten die Kurländer den ganzen Druck des Krieges gründlich kennen.

<hr />

## III.

### Das Gefecht bei Eckau am 19. (7.) Juli.

Am 7. Juli (25. Juni) hatte Generalleutnant Friedrich von Löwis die Bestätigung als Nachfolger Weljaminows erhalten. Am 19. (7.) Juli erfuhr er, daß die preußischen Abteilungen von Ponewesch aus im Aufmarsch seien: General Kleist mit der östlichen Kolonne auf der großen Straße Schönberg-Riga sollte bis Ranken-Draken vorrücken, Grawert mit der Hauptkolonne Bauske erreichen,

Raumer mit der westlichen Kolonne Mitau besetzen. Löwis rechnete offenbar
damit, bei der starken Entfernung der drei Marschkolonnen die mittelste angreifen
und schlagen zu können, ehe die anderen zur Stelle waren, und beschloß bei
Eckau an der Schnittfläche der Straßen Ponewesch-Bauske-Riga und Mitau-
Friedrichstadt Stellung zu nehmen. Hinter dem Flüßchen gleichen Namens
wollte er dem Feinde entgegentreten, und so kam es hier am 19. (7.) Juli zum
ersten Mal seit dem siebenjährigen Kriege zu einem größeren Gefecht zwischen
Preußen und Russen, in dem auf beiden Seiten mit großer Bravour gekämpft
wurde.

Die Ortschaft bestand aus einer Anzahl einzelner Gehöfte mit zum Teil
massiven Gebäuden. Eine gute feste Brücke verband beide Ufer und führte
auf die Mitauer Straße. Auf dem nördlichen Ufer bot sich in der Umgebung
der Kirche bei Pfarrhaus und Kirchhöfen eine gute Stellung, die durch das
tief eingeschnittene Flußtal und die steile Böschung nach der etwa 40 Schritt
breiten Eckau noch verbessert wurde. Große Steine im Flußbett machten ein
Durchreiten oder Durchfahren auch an flacheren Stellen schwierig. Oberhalb
des Pastorats macht der Fluß eine scharfe Biegung. Hier lag auf der südlichen
Seite das schöne Schloß Eckau, auf der nördlichen lagen Wirtschaftsgebäude
und Windmühle. Die Brücke zwischen beiden Gebäudekomplexen war schlecht.
Ungünstig für die Verteidiger war der von Süden und Osten im wellenförmigen
Gelände für den Feind leicht zu vollziehende unbemerkte Anmarsch und die
Gefahr, in dem ausspringenden Bogen des Flusses von beiden Seiten umfaßt
zu werden.

Grawert war am 19. (7.) Juli um 7 Uhr morgens in Bauske eingetroffen
und nach längerem, durch den Durchmarsch der preußischen Brigade Ricard
verursachten Aufenthalt über die kleine Memel (Niemenec) gegangen. Der vor-
ausgesandte Generalstabschef v. Röder hatte bei Karlshof, etwa 13 Werst
nördlich von Bauske, die Avantgarde von Löwis, Kosaken, getroffen. Der ihm
zu Sukkurs herbeieilende Major von Stjern mit 4 Eskadronen Dragoner und
einer halben Batterie warf sich auf die weiter nach Norden zu weichenden
Russen. Gefangene berichteten, daß ein starkes russisches Korps mit zehn
Geschützen bei Eckau stände. Daraufhin sandte General v. Grawert um 12½ Uhr
mittags den Rittmeister von Schenk auf Ranken zu an Kleist: dieser solle sofort
auf Eckau zu einschwenken und den dort stehenden Gegner, den er von Süden
angreifen werde, im Rücken und in der Flanke fassen. Um das Herankommen von
Kleist abzuwarten und die Russen nicht zu vorzeitigem Abzuge zu veranlassen,
machte Grawert eine längere Rast und zog die Truppen in der Höhe von
Georgenhof zusammen.

Als gegen 5 Uhr nachmittags von Kleist noch keine Nachricht da war,
machte er von neuem Halt und ließ einige Signalschüsse abgeben. Es dauerte
aber noch bis gegen 7 Uhr, ehe die ersten Kanonenschüsse von Kleist herüber-
tönten; dann brach die Grawertsche Abteilung ungestüm zum Angriff gegen
Eckau vor: Hauptmann von Hugo warf mit seinen Tirailleuren die russische
Arrieregarde mit dem Bajonett aus Klein-Sorgen heraus und setzte sich in den

südlichen Gebäuden des Dorfes fest. Eine Abteilung durchwatete den Fluß und besetzte ein alleinstehendes Gebäude am jenseitigen Ufer. Durch das Feuer, das sie von hier auf die den Brückenübergang verteidigenden Russen abgaben, zwangen sie diese zur Aufgabe der Brücke, über die nun Hugo ins nördliche Dorf einbrang und Pfarrhaus und Kirchhof in seine Gewalt brachte. Einem weiteren Vordringen geboten die nördlich aufgestellten russischen Streitkräfte aber Halt.

Um diese Zeit griff Kleist, der bis Balke, etwa 3 Werst von Eckau, von Osten anmarschierend gekommen war, in den Kampf ein. Im Flußtal vorbrechend, eröffnete er ein Geschützfeuer gegen Schloß Eckau und eroberte in hartem Kampf Schloß und Hof Eckau.

Während diese Position in preußische Hände fiel, hatte General Grawert selbst auf dem linken preußischen Flügel mit Nachbruck sich auf den rechten russischen Flügel geworfen und diesen zum Abzug nach Grunwald gezwungen. Zwischen dem Dorf Eckau und dem Vorwerk Rafftermünde tobte ein heftiges Rückzugsgefecht, in dem die Preußen eine russische Fahne erbeuteten. In diesem Gefecht hatte das Gros der Russen, wenn auch unter Verlusten, im Schutz der Dunkelheit den Abmarsch auf der Rigaer Straße bewerkstelligt. Es scheint, daß Löwis nicht gewahr geworden war, daß die Schloß und Hof Eckau verteidigenden russischen Truppen nicht mehr nach Norden den Anschluß an die Abziehenden hatten durchsetzen können. Aber auch die Preußen waren aufs höchste überrascht, plötzlich, etwa um 10 Uhr abends, in ihrer Mitte starke russische Abteilungen beim Pfarrhause auftauchen und zur Mitauer Straße durchbrechen zu sehen. Eine allgemeine Verwirrung brach aus: Major Hugo sah sich genötigt, 150 Gefangene preis zu geben, ja die Russen bemächtigten sich eines beim Kruge aufgefahrenen preußischen Geschützes und setzten sich im Pfarrhause und am nördlichen Teil des Dorfes fest. Freilich nur kurze Zeit: Abteilungen des Kleistschen Detachements und Oberstleutnant von Horn mit der Grawertschen Hauptmasse warfen sich auf die Russen, gewannen das Geschütz zurück und trieben die Gegner in Unordnung über die Eckau. Ihre Trümmer erreichten die Straßen nach Mitau, da die Dunkelheit einer wirksamen Verfolgung bald ein Ziel setzte.

Am Kampf sind von russischer Seite etwa 6000 Mann und 10 Geschütze, von preußischer 6585 Mann und 32 Geschütze beteiligt gewesen. Die Preußen verloren in Summa 5 Offiziere und 88 Mann an Toten und Verwundeten, dazu 116 Pferde, die Russen an Gefangenen 312 Unteroffiziere und Soldaten und 7 Offiziere, und etwa 300 Tote und Verwundete. Für die Preußen war das Treffen vor allem von Bedeutung als erste Waffenprobe der erneuten preußischen Armee, die die Prüfung gut bestanden hatte. Der Generaloberst von d. Golz faßt das in folgende Sätze zusammen: „Das Mißverhältnis bei der Einbuße auf dem Gefechtsfelde sprach deutlich dafür, daß ihre jetzige Fechtweise durchaus zweckmäßig war. Dies gab der ganzen Armee Sicherheit und Vertrauen zu ihren neuen Lehren und Vorschriften."

Die preußischen Verluste sind auffallend gering, wozu Leutnant von Hart-
wichs Tagebuch bemerkt: „Die Kameraden, die bereits im Gefecht gewesen sind,
und das sind fast alle, versichern, daß die Russen sehr viel feuern, ein beständiger
Kugelhagel über die preußischen Linien hinweggegangen ist. Die Ursache davon
ist, daß die Russen in der Eile nur äußerst selten das Gewehr an die Schulter
anlegen, sondern die Kolben an die Hüften setzen und abschießen."

Eine lebendige Schilderung dieses Tages gibt auch ein anderer preußischer
Offizier, Wilh. Magnus von Eberhardt.*) Er schreibt:

„Am 18. Juli n. St. morgens bog sich plötzlich unser Marsch ganz nach
links zu unser aller größter Freude, denn wir hofften nunmehr bestimmt, daß
wir Kurland besetzen sollten, welches eine der schönsten Provinzen Rußlands
ist. Und richtig, je näher wir der kurländischen Grenze kamen, desto reinlicher
und freundlicher wurden die Häuser, desto fruchtbarer und abwechselnder die
Gegend.

Den 19. Juli betraten wir Kurland. Wir waren schon um 2 Uhr morgens
aus unserm Biwak abmarschiert bei strömendem Regen, wodurch der Weg sehr
schlecht geworden war. Erst gegen 8 Uhr früh brachen sich die Wolken, und
es hörte auf zu regnen. Wir näherten uns der ersten Stadt auf kurländischem
Gebiet, Bausken, ganz nett gelegen und hübsch gebaut. Die Russen hatten hier
eine große befestigte Stellung erst am Tage vorher verlassen, weil sie mit ihren
Verschanzungen nicht fertig geworden und wir ihnen zu schnell auf den Hals
gerückt waren. Die Anlage war aber anscheinend recht gut und hätte uns
gewiß viel Blut gekostet, wenn wir sie hätten nehmen müssen. — Wir ruhten
bei Bausken ein paar Stunden, machten Feuer an und trockneten vor allen
Dingen unsere Kleider. Ich war während dem in der Stadt, um meinen
Schimmel, der seit ein paar Tagen lahmte, von einem verständigen Schmidt
beschlagen zu lassen. Man hörte hier zur großen Freude mal wieder seine
Muttersprache reden. Ein Stabsoffizier vom Generalstab nahm mich mit in
die Apotheke, wo sehr nette Menschen uns mit Frühstück bewirteten. Der
Apotheker erzählte, daß sie in den vorhergehenden Tagen durch ihre eigenen
Truppen furchtbar zu leiden gehabt hätten, auch die polnischen Truppen von
unserer Avantgarde wären sehr rücksichtslos gewesen.

Als wir von Bausken weitermarschierten, hörten wir bereits fortwährendes
Schießen, trafen bald eine Menge Blessierte und Gefangene, hauptsächlich vom
Feinde, und hörten, daß unsere Avantgarde mit den Russen im Gefecht sei.
Gegen 1 Uhr wurde etwas geruht, dann zuerst General v. Kleist mit mehreren
Bataillonen Infanterie, etwas Kavallerie und Artillerie detachiert, um dem
Feinde in die linke Flanke zu gehen. Bald darauf rückten auch wir in der
Front vor und warfen die Russen zurück. Für unsere Truppen war das rasche
Folgen sehr ermüdend, da wir immer bis unter die Arme in hohem, dichtem
Getreide und durch Dörfer, über Gräben, Hecken und Zäune marschieren
mußten, und die Bataillone, welche durch diese Terrainhindernisse zurückgeblieben

---

*) Magnus von Eberhardt. Aus Preußens schwerer Zeit. (Berlin 1907. Verlag von
R. Eisenschmidt.)

waren, immer ganze Strecken laufen mußten, um ihren Platz in der Linie wieder einzunehmen; wir hatten überdies schon einen starken Marsch hinter uns. Aber wir sollten heute auch noch ernster ins Gefecht kommen. Die Russen waren nämlich inzwischen bis in eine Position zurückgegangen, wo sie ihre Hauptkräfte entwickelt hatten und unsern Angriff abwarteten. Die natürliche Gestaltung der Gegend bei Eckau war für die Russen sehr günstig, auch mußten wir erst ein Defilee überschreiten, um bis an die Brücke über das Flüßchen Eckau heranzukommen, welches vor der Front der Russen lag.

Die Russen konzentrierten ihr Feuer natürlich auf das Defilee, schossen aber nicht gut, und so gelang es uns, mit mehreren Bataillonen die Brücke zu erreichen und zu überschreiten. Unser Bataillon hatte den linken Flügel und bekam den Befehl, der russischen Kavallerie, die sich noch auf dem dies= seitigen Ufer des Flüßchens befand, den Rückzug abzuschneiden. Wir wurden zwar von der russischen Infanterie, welche jenseits der Eckau höher wie wir stand, mit einem furchtbaren Kugelregen empfangen, der aber über unsere Köpfe hinwegsauste und von uns mit einigen Bataillonssalven erwidert wurde. Unser rasches Vorgehen hatte den Erfolg, daß ein großer Teil der russischen Küraffiere von der Brücke abgeschnitten wurde. Sie ritten zwar einige schneidige Attacken, wurden aber jedesmal von uns zurückgeworfen, hatten viel Verluste, besonders an Gefangenen, und nur wenige Reiter retteten sich durch Schwimmen. Bei dieser Gelegenheit erbeutete ich ein Pferd, einen sehr hübschen Fuchs, der mir gerade jetzt sehr zu statten kommt.

Unterdeß war auch General v. Kleist dem Feinde in die linke Flanke gefallen, und unsere Kavallerie hatte die Brücke über die Eckau passiert. Die Russen erlitten hierdurch eine vollständige Niederlage; unsere Kavallerie eroberte eine Fahne, mehrere Munitionswagen und machte viele Gefangene. Nur die furchtbare Ermüdung unserer Truppen und der Mangel an frischer Kaval= lerie hinderten unseren General v. Grawert, welcher selbst kommandierte, den fliehenden Feind zu vernichten. Wir biwakierten auf dem Schlachtfelde; unsere Verluste waren nicht bedeutend, im ganzen an Toten, Verwundeten, und Gefangenen gegen 100 Mann. Dagegen haben wir den Russen über 300 Gefangene abgenommen, und sie ließen an 600 (?) Tote und Blessierte auf dem Schlachtfelde liegen. Die Russen waren viel stärker als wir (?) und uns an Kavallerie um die Hälfte überlegen, dagegen hatten wir sehr viel mehr Artillerie. Auffallend war das schlechte Schießen der russischen Infanterie; aber auch mit ihren Kanonen hatten sie uns wenig Schaden zugefügt."

Ueber das Lagerleben der Preußen während der folgenden Tage entneh= men wir den Briefen noch folgendes:

„Am 20. Juli n. St. rückten wir aus der Gegend von Eckau ab und marschierten ohne auf den Feind zu stoßen bis nach Peterhof, wo wir am 24. das Lager bezogen. Nur am 22. abends hatten die Russen unser Biwak bei St. Olai alarmiert. Hier im Lager bei Peterhof erwarten wir unser Belagerungs= geschütz, um dann vor Riga zu gehen; auch muß erst Marschall Macdonald

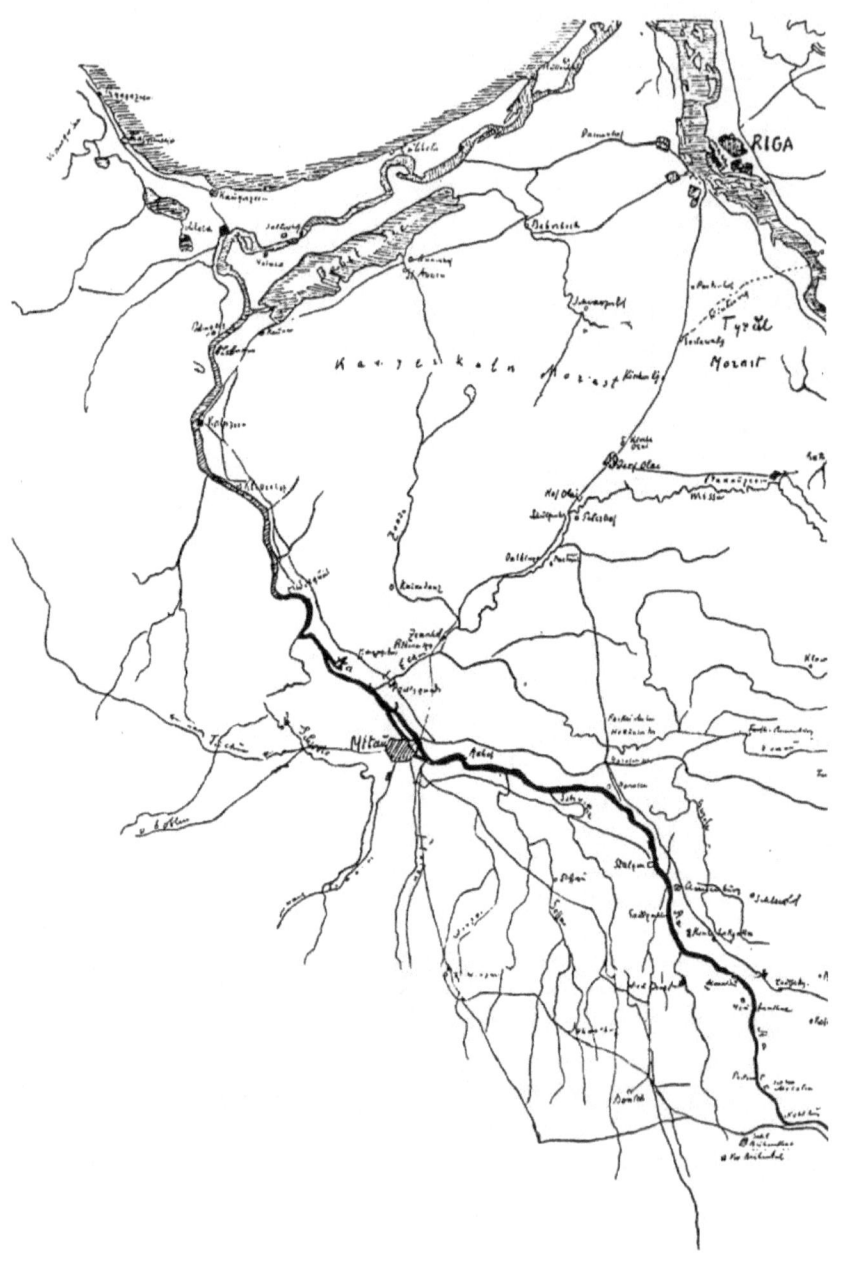

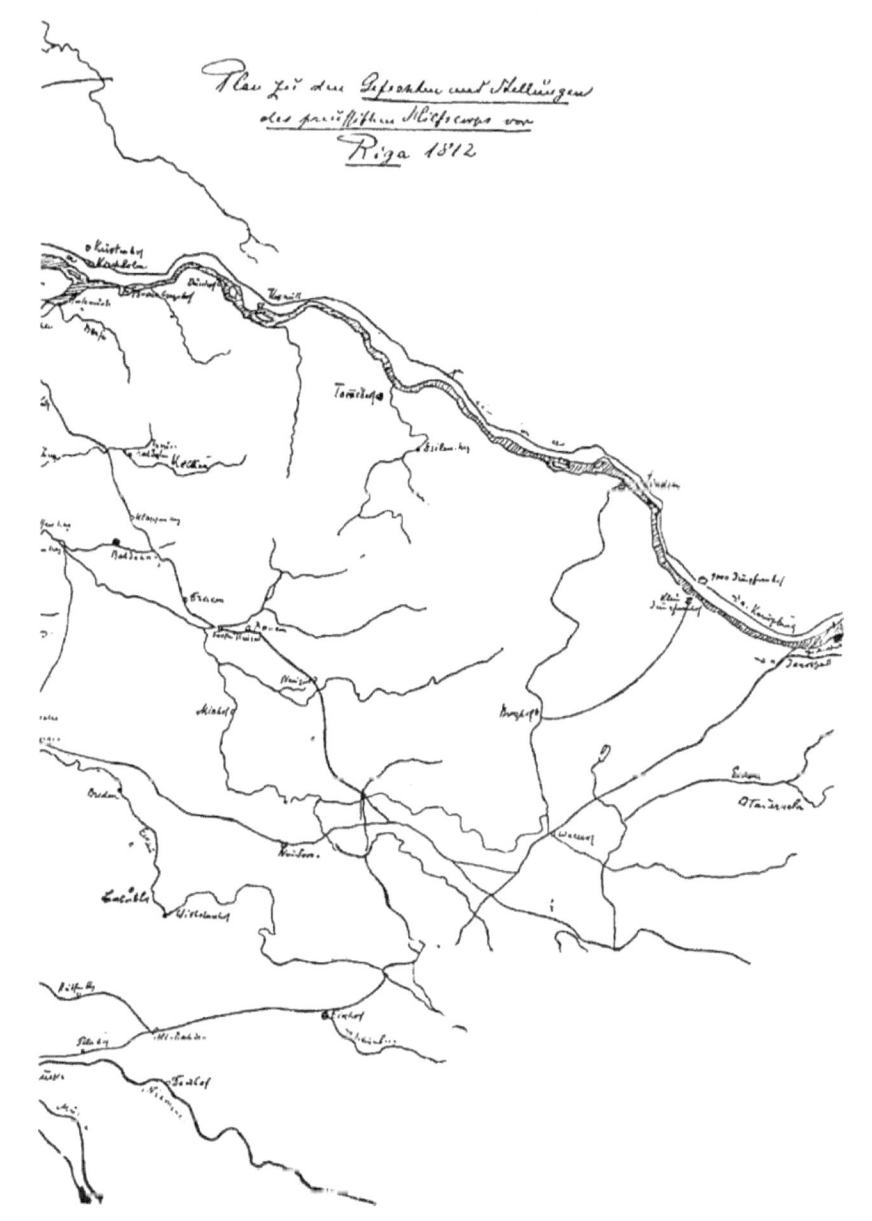

Uebersichtskarte zu den Operationen
des preuß. Hilfscorps 1812.

mit dem übrigen Teil des 10. Korps herankommen, ehe wir zur Belagerung schreiten können.

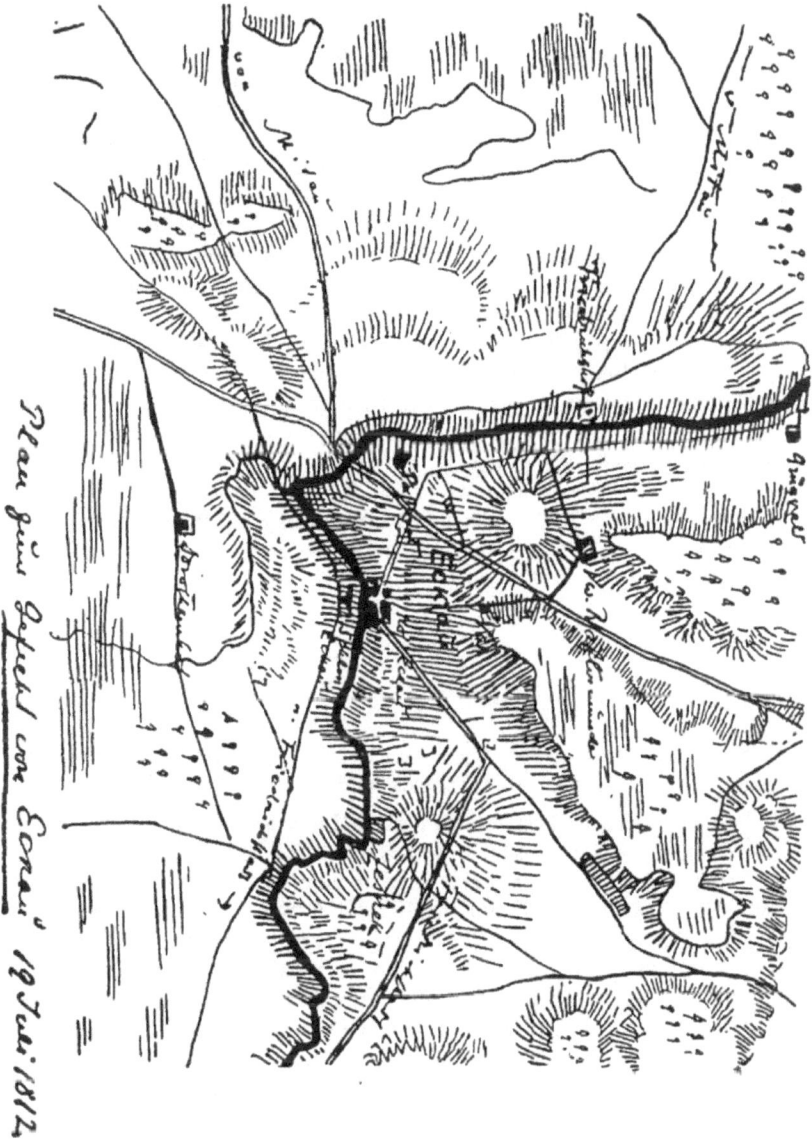

Unsere Zeit wird fleißig zum Exerzieren benutzt, auch arbeiten wir viel an unserem Lager, um es so wohnlich wie möglich einzurichten. Ursprünglich lagen wir auf einem schrecklichen Sturzacker, der aber jetzt völlig eingeebnet ist und sogar zum Teil mit Gartenanlagen versehen wird, allerdings nur für unsere bescheidenen Ansprüche berechnet. Zum Geburtstage unseres Königs hatten wir besondere Anstalten gemacht, um das Lager recht festlich herzurichten. Durch die Gassen ziehen sich seitdem lauter gerade Alleen, zwischen den Bäumen stehen in regelmäßigen Abständen unsere Hütten. In den Intervallen sind Rondele von Rasenbänken angelegt oder Lauben, Grotten, Pyramiden mit Inschriften usw. gebaut; kurz, es ist jetzt ganz hübsch hier bei uns. Am 3. August morgens hatten wir zuerst Gottesdienst im Lager, welchem der kommandierende General mit dem ganzen Stabe beiwohnte, darauf traten sämtliche Truppen unters Gewehr und während des Präsentierens erscholl ein dreimaliges Vivat, von Artillerie=Salven begleitet. Nach dem Paradamarsch rückten wir wieder in unsere Zelte, und nun begann das Fest, welches noch bis spät in die Nacht fortdauerte, und wobei sich unsere Leute durch Ordnung und Mäßigkeit aus= zeichneten. Wir Offiziere hatten so gut als möglich ein anständiges Diner arrangiert, uns einen großen Tempel aus hohen Bäumen bauen lassen, mit Festons aus Eichenlaub und Blumen=Guierlanden verziert, in dem wir sehr vergnügt und fröhlich aßen und nachher sogar tanzten. Abends war das ganze Lager illuminiert, vor der Front große Feuer in Kreis= und Schlangenform angezündet, was sehr hübsch aussah. So hatten wir auch inmitten des Krieges einen frohen Tag, der uns allen unvergeßlich bleiben wird.

Gestern am 15. (3.) August wurde der Geburtstag des französischen Kaisers bei der Armee gefeiert. Auch bei unseren Korps mußten drei Artilleriesalven abgegeben werden."

---

## IV.

**Der Brand der Vorstädte von Riga, 24. (12.) Juli. — York erhält das Kom= mando, 13. (1.) August. — Die Kämpfe bei Dahlenkirchen, 22. (10.) August.**

Macdonald, erfreut über den Erfolg bei Eckau, befahl Grawert die Russen zu verfolgen, die Mitau aufgebend, auch Dahlenkirchen räumten, als die Vorhut der Preußen heranrückte, und auf Riga zurückgingen. Grawert schlug sein Quartier in Olai, halben Weges zwischen Mitau und Riga auf, welch erstere Stadt der Marschall zum Hauptstapelplatz für das preußische Korps bestimmt hatte. Die Nachricht von dem Anmarsch der Preußen, die Furcht vor einer Beschießung riefen in Riga eine Panik hervor, deren Folge der übereilte Be= fehl Essens zum Niederbrennen der Vorstädte am 24. (12.) Juli war.

Man scheint befürchtet zu haben, daß die Preußen Löwis auf dem Fuß folgen und die Stadt beschießen würden. Ein großer Teil der Einwohner flüchtete daher bereits am 20. (8.) Juli aus der Stadt, und am selben Tage wurde auch die Mitauer Vorstadt den Flammen übergeben. Die Tage darauf fing man an, auch die Hagensberger Vorstadt abzubrennen, ferner wurde ein Teil der Häuser in den auf dem östlichen Ufer liegenden Petersburger und

Moskauer Vorstädten zur Räumung durch die Bewohner und die bevorstehende Verbrennung bestimmt. Als dann am 23 (11.) abends die Meldung von dem auf dem rechten Dünaufer befehligenden Offizier einging, daß die Preußen an

Die Petersburger Vorstadt vor dem Brande.
(Nach einem zeitgenössischen Bilde von Schutz im rigaschen Dommuseum).

der Furt von Dahlenkirchen angelangt seien, gab General von Essen den Befehl zum Anzünden der östlichen Vorstädte. Die Flammen wurden durch den starken Wind auch auf die Häuser getrieben, deren Vernichtung nicht beabsichtigt war, und so lagen am 24. (12.) Juli 4 Kirchen, 35 öffentliche Gebäude und 702 Privathäuser in Asche. Der Schaden wurde auf 16 Millionen Rbl. Banco geschätzt.

Gegenüber der vielfach laut gewordenen Meinung, die Niederbrennung

Der Brand der Petersburger Vorstadt.

(Nach einem zeitgenössischen Bilde von Schutz im rigaschen Dommuseum.)

der Vorstädte sei einer Verwirrung Essens zuzuschreiben, muß mit Nachdruck festgestellt werden, daß dem nicht so ist. Aus den Berichten des Gertrudpastors Martin Berkholz wissen wir genau, daß sich alle Bewohner der Vorstädte lange darauf vorbereitet hatten, indem sie ihr Hab und Gut meist rechtzeitig

in Sicherheit brachten. Auch Essens Vorbereitungen lassen keinen Zweifel
darüber, daß er den Akt seit langem für notwendig gehalten und sorgfältig
vorbereitet hat. Nur über den Termin war er unschlüssig. Durch Pfähle

Die Trümmer der Petersburger Vorstadt nach dem Brande.
(Nach einem zeitgenössischen Bilde von Schulz im rigaschen Dommuseum.)

wurde bis zur Mühlenstraße die Linie abgesteckt, welche nach einem am 20.
Januar 1812 Allerhöchst bestätigten Plan die Grenze der Vernichtungszone
bildete. An dem Ernst der Maßnahmen konnten die Bewohner der zur Nieder=

brennung bestimmten Häuser nicht zweifeln, als Soldaten ihre Zäune nieder=
legten und die Bäume ihrer Gärten fällten. Aber nur der den Festungswerken
am nächsten liegende Teil der Vorstädte sollte geopfert werden. Das geht
auch klar aus folgender Bekanntmachung der Polizeiverwaltung hervor, die
am 23. (11.) Juli um 2 Uhr nachmittags an der Börse und an anderen Orten
angeschlagen wurde:

„Da in der Petersburger und Moskauer Vorstadt bezeichnet worden, welche
Häuser daselbst vernichtet werden sollen, die übrigen Gebäude aber daselbst
noch stehen bleiben können, so werden diejenigen Einwohner, deren Häuser in
den besagten Vorstädten der Vernichtung nicht unterworfen sind, hiermit an=
gewiesen, aus der Stadt nach ihren Häusern und Wohnungen zurückzukehren."

Von der Ausführung seiner Anordnung überzeugte sich Essen durch einen
Umritt und erteilte dann um 9 Uhr abends dem Polizeimeister Oberst Krüde=
ner den Befehl, die Vorstädte bis zur abgesteckten Linie zu vernichten. Es
war eine windstille Nacht, so daß ein Weitergreifen des Feuers nicht zu be=
fürchten war. Garnisonssoldaten mit Pechkränzen waren Krüdener zur Ver=
fügung gestellt. Erst um $\frac{1}{2}$1 Uhr wurde die Moskauer Vorstadt ange=
zündet, eine halbe Stunde später brannte die Petersburger. Plötzlich erhob
sich ein heftiger Wirbelwind und trieb die Flammen weit über die abgesteckte
Grenze. Vergebens kämpften Polizisten und von Essen aus der Festung mit
Löschgeräten entsandte Soldatenkommandos gegen das verheerende Element.
Gesindel benutzte die Gelegenheit zur Brandstiftung und Plünderung. Erst als
der Wind sich legte, wurde die Feuersbrunst mit Mühe überwältigt. Die auf=
gehende Sonne beschien ein weites, rauchendes Trümmerfeld, aus dem wie
Kreuze eines baumlosen Kirchhofs die Schornsteine hervorragten. Die Hälfte
der Moskauer Vorstadt bis zur Reeperstraße, der schönste und reichste Teil
der Petersburger zwischen Nikolai= und Suworowstraße waren vernichtet.

Aus den uns überkommenen Berichten von Augenzeugen des Brandes sei
hier der erst kürzlich bekannt gewordene aus den autobiographischen Aufzeich=
nungen des weil. Propstes K. L. Kaehlbrandt=Neu=Pebalg (cf. Rig. Tageblatt
1912, Nr. 1, 3, 5) wiedergegeben:

„Am 11. Juli 1812 abends kehrte der Vater heim mit der beruhigenden
Nachricht, daß keine Gefahr zu befürchten sei, — es sei ein obrigkeitlicher
Anschlag an der Börse erschienen, daß die Bürger ruhig sein könnten. Kurz
vor der Mitternachtsstunde desselben Tages weckte uns hastig die Mutter: wir
möchten aufstehen und uns rasch ankleiden und zwar doppelte Kleidung anlegen,
denn es sei ein großes Feuer ausgebrochen und wir würden uns entfernen
müssen; ein Blick durchs Fenster zeigte uns den blutroten Himmel; bald waren
wir angekleidet und eilten zitternd und weinend hinaus.

Die dunkle Nacht war vom Feuerschein hell erleuchtet; zwar war das
Feuer noch nicht in unserer Nähe, doch konnten wir den Feuerlärm vernehmen
und erblickten auch alsbald durch unsere Straße ziehend einige mit Pferden be=
spannte und von „Druschinen" geführte Wagen, beladen mit Pechkränzen;
ihnen voran ritt ein Polizeioffizier; in ein jedes Haus der uns gegenüber=

liegenden Häuserreihe wurden unter lautem Weckgeschrei zur Warnung für die etwa in den Häusern noch sicher Schlummernden durch die zertrümmerten Fenster brennende Pechkränze hineingeschleudert.

Der Vater war in voller Tätigkeit; um unsere Häuser zu retten, eilte er in die benachbarten, den Flammen geweihten Häuser und suchte, nachdem sich das Brandkommando entfernt hatte, den brennenden Feuerstoff auszulöschen, was ihm auch zum Teil gelang und wobei er aus dem benachbarten Hause eine alte, ruhig in demselben schlafende Frau vor dem Verbrennen rettete. Dessen ungeachtet schlug bald hier, bald da in unserer nächsten Nähe die Flamme hervor, die dann jedesmal der Vater zu ersticken suchte, damit wir indessen Zeit gewönnen, noch einige Habseligkeiten zusammenzuraffen und auf zwei Fuhrwagen zu laden, die uns der Kutscher aus dem zunächst an unser Haus grenzenden Hause nebst Pferden überlassen hatte, da er — der einzige Bewohner jenes Hauses — so am sichersten seiner Herrschaft die Pferde zu retten hoffte. Von Zeit zu Zeit half uns der Vater beim Aufpacken unserer Habe — dann wieder eilte er aufs neue, ungeachtet mehrerer schon empfangener Brandwunden, zu den benachbarten, leerstehenden Häusern, um das hie und da ausbrechende Feuer zu ersticken.

Die Wagen waren endlich beladen, wir Kinder wurden oben auf gesetzt und unter Begleitung einiger Leute, die sich zu uns gesellt und von ihrer Habe auch manches auf unsere Fuhrwerke geladen hatten, aus der brennenden Vorstadt unter dem hellen Schein des glutroten Himmels hinausgeführt nach Charlottental, einem am Ende der Vorstadt in der Nähe der Weide gelegenen Höfchen, wo schon viele Flüchtlinge sich versammelt hatten und wo wir mit vielen andern in einer Scheune Obdach fanden und den Vater erwarten sollten. Bis zum Morgen um 6 Uhr hatte er mit der größten Anstrengung aller seiner Kräfte das immermehr um sich greifende Feuer von seinen Häusern abzuhalten gesucht, länger hatte er in der immer stärker werdenden Glut nicht aushalten können, hatte Schritt vor Schritt sich von der Feuersglut zurückziehen und es endlich aus einiger Entfernung ansehen müssen, wie alle seine Gebäude vom Feuer ergriffen und all sein Wohlstand, der Schweiß vieler Jahre in Asche verwandelt wurde. Ermattet und an mehreren Stellen seines Leibes vom Feuer versengt, traf er um 9 Uhr morgens bei der Mutter und uns ein, nachdem wir bei dem Anblick des unabsehbaren Feuermeeres ihn schon mit großer Angst erwartet hatten.

Der folgende Tag, an dem wir zur Stillung unseres Hungers aus der Hand fremder Leute einige Bissen Brot und einen Hering empfingen, verging unter großer Unruhe und Angst, da umherstreifende Brandstifter zu verschiedenen Malen auch die Gebäude des uns beherbergenden Höfchens anzuzünden versuchten; einige von denselben wurden ergriffen und den herumziehenden reitenden Patrouillen überliefert; endlich am Abend desselben Tages brachen wir von unserm unsichern Asyl auf, die Mutter mit uns Kindern auf den Wagen sitzend, die unsere wenige gerettete Habe enthielten, und zogen durch die Nacht hinaus nach dem am Stintsee gelegenen Höfchen „Baumhof", eskortiert vom

Vater und andern bewaffneten Männern, die sich zu uns gesellt hatten und die ebenfalls in der Umgegend von Riga eine Zufluchtstätte suchten; vor unsern Augen leuchtete das Feuermeer der noch immer brennenden Vorstädte Rigas.

Von unsern innerhalb der Stadtmauern wohnenden Verwandten hatten wir nichts erfahren, ebensowenig sie von uns, denn während jener Schreckens= nacht war niemand in die Stadt hinein, niemand aus ihren Toren hinausge= lassen worden. Die Einäscherung der Vorstädte war von dem damaligen Ge= neralgouverneur Essen voreilig auf die unsichere Meldung hin, daß der Feind heranrücke, anbefohlen worden. Während des Brandes der Vorstädte, der vier Wochen dauerte — noch später fanden wir rauchende Brandstätten — ver= weilten wir auf dem Höfchen „Baumhof", woselbst mein Schwager wohnte. Bei der in jenen Wochen herrschenden Unsicherheit war auch dort die größte Vorsicht zu beobachten; in jeder Nacht mußten Wachen ausgestellt werden und die anwesenden Männer machten abwechselnd nach Stunden fortwäh= rend die Runde um das Höfchen, bewaffnet mit Hirschfängern und geladenen Gewehren."

Der Großvater des bekannten livl. Schriftstellers Julius Eckardt, damals in den besten Jahren, sah dem furchtbaren, die ganze Nacht und die folgenden Tage andauernden Schauspiel von einem Bodenfenster seines Hauses in der Sandstraße zu. Als das größte Haus der St. Petersburger Vorstadt, das Ge= bäude der sog. Sommergesellschaft, aufbrannte, zündete er, der als Aktionär dieses im Eigentum der Musse befindlichen Hauses einige hundert Rubel an dasselbe gewandt hatte, mit seinem wertlos gewordenen Aktienschein eine Pfeife Tabak an."

Heute läßt sich mit Sicherheit sagen, daß die Essensche Maßnahme über= eilt und unnütz war. Sie war nicht der Ausfluß einer augenblicklichen Kopf= losigkeit Essens, der auf Gerüchte hin handelte, statt die Antwort des auf Re= kognoszierung ausgerittenen Quartiermeisters v. Tiedemann abzuwarten, sie beruhte an sich auf falschen Voraussetzungen. Essens Furcht vor einem plötz= lichen Erscheinen des Feindes vor Riga war um so unberechtigter, als der französische Belagerungspark eben damals erst in Danzig zusammengezogen wurde und Macdonald mit der Division Grandjean untätig in Dünaburg lag. Dort blieb er fast zwei Monate, ohne sich zu rühren, obwohl ihn Napoleon wiederholt zum Ueberschreiten der Düna drängte, um Wittgenstein eine Schlacht zu liefern. Macdonald ließ sogar Oudinot, der auch gegen Wittgenstein ope= rierte, ohne Unterstützung und verschuldete dessen zwischen dem 28. (16.) Juli und 2. August (21. Juli) erfolgte Niederlage.

Während dessen standen die Preußen in einem großen Halbbogen von Schlock, ihre Vorposten bis ans Meer vorschiebend, über Olai bis Dahlenkirchen an der Düna, auf diese Weise Riga von Süden erfolg= und zwecklos zernierend. Die Stellung war militärisch sehr übel, denn die Linie war zehn Meilen lang, dazu an vielen Stellen durch Wälder und Sümpfe unterbrochen, die Zahl der Truppen auch viel zu gering. Die Gefahr lag nahe, daß ein siegreicher Vor= stoß der Russen auf eine Stellung den Rückzug der gesamten preußischen Armee zur Folge haben mußte, wollten die andern Teile nicht im Rücken erfaßt und vernichtet werden.

Die Russen hatten die verzettelte Situation natürlich gleich erkannt und handelten danach; nachdem sie am 5. August (24. Juli) einen Vorstoß auf den linken preußischen Flügel bei Schlock gemacht hatten, drangen sie unter Loewis, unterstützt von englischen Kanonenbooten auf der Aa bis nach Kliewenhof und Wolgund bei Mitau vor; aber Erfolg hatten sie auch diesmal nicht. Kleist warf sie in heftigen Gefechten unter starken Verlusten auf Riga zurück, wo sie am 8. August (27. Juli) wieder anlangten.

Am 13. (1.) August trat ein einschneidender Wechsel im preußischen Oberkommando ein: an Stelle des schwer erkrankten Generals von Grawert trat Generalleutnant von York. Da er ohne Macdonalds Weisung nichts an der Gesamtdisposition ändern konnte, so ließ er die einzelnen Posten sich zu hartnäckiger Verteidigung einrichten und belebte den Vorpostenkrieg, den er zur Schulung aller seiner Truppen im zerstreuten Gefecht benutzte.

Am 15. (3.) August feierte der Generalintendant von Kurland, Mr. Chambaudoin, Napoleons Geburtstag mit einem splendiden Ball auf dem Mitauschen Schloß. „Vormittags," schreibt v. Hartwich, „war ein Tedeum abgehalten worden und abends war die Stadt illuminiert, wobei das Schloß und das Gymnasium sich vorzüglich abhoben. Die Ballräumlichkeiten im Schloß waren feenhaft beleuchtet und die Erfrischung kostbar und im Ueberfluß. 300 Flaschen Champagner wurden geleert, außerdem Madeira und Ungarwein in bedeutenden Mengen genossen und Medoc und andere französische Weine aus Biergläsern getrunken. Der Aufwand war königlich."

Sieben Tage später, 22. (10.) August, hatten die Preußen einen blutigen und verlustreichen Tag. General Löwis hatte nach dem unglücklichen Vorstoß gegen Wolgund-Kliewenhof-Mitau und in der Voraussicht, daß ein Angriff gegen das Zentrum der Preußen bei Olai von Beginn an völlig aussichtslos wäre, eine Ueberrumpelung des schwächsten Postens der Aufstellung, des rechten Flügels bei Dahlenkirchen, in aller Stille ins Werk gesetzt. Oberst Horn, ein löwenmutiger Offizier, von dem Macdonald wohl bewundernd gesagt hatte, gegen Horn sei Bayard nur ein Poltron gewesen, hatte seine Truppen damals durch eine vorübergehende Entsendung einer fliegenden Kolonne nach Friedrichsstadt nicht unerheblich geschwächt, so daß er nur über 1500 Mann verfügte. Löwis griff ihn im Morgennebel mit weit überlegenen Truppen von zwei Seiten her an, und zwar längs der Rigaer Straße am Südufer der Düna gegen die Front und über die auf Felsenriffen durchwatbare Düna über die Insel Dahlen hinweg im Rücken. (Oberst Eckeln.) Die Russen hatten, wie ein preußischer Teilnehmer der Affäre, Kapitän von Schauroth, Hartwich erzählte, durch einen desertierten braunen Husaren Parole, Feldgeschrei und Losung bekommen, waren so durch die Vorposten, die sie niedermachten, bis an das Lager der drei vordersten Füsilierbataillone gelangt und stachen hier die Leute, die noch im Hemde waren, nieder, nahmen sie gefangen oder jagten sie in die Flucht. Dadurch war Oberst von Eckeln zum weiteren Vormarsch veran-

laßt worden, den er schon im Begriff gewesen war, aufzugeben, da er von
Löwis, der von den Preußen bei Neuhof zurückgedrängt worden war, keine
Kunde hatte.

Auf die Nachricht von der schlimmen Lage auf dem rechten preußischen
Flügel, gab Horn dem linken Flügel den Befehl, auf Gange über die Keckau
die Straße nach Plakanzeem zu gewinnen, aber seine Soldaten hatten sich so
verbissen, daß sie erst auf einen zweiten Befehl hin gehorchten. Und nun war
es zu spät: Die Russen überflügelten die Preußen von rechts, nur ein Teil
erreichte Gange, der größte Teil der Infanterie und der Jäger wurde abge=
schnitten und gefangen. „Das Gefecht", bemerkt das preußische Generalstabs=
werk knapp, „ist ein Beispiel dafür, daß zu große Tapferkeit unangebracht ist."
Einen dauernden Erfolg vermochten die Russen aus ihrem Siege nicht zu
ziehen, denn als York, um die Schlappe auszuwetzen, Horn befahl, Dahlen=
kirchen wieder zu besetzen, gaben sie am 26. (14.) August die Stellung ohne
Kampf auf und gingen auf die Insel Dahlen zurück. In den Kämpfen, in
denen auf russischer Seite etwa 600 Mann fielen oder verwundet wurden, fand
auch der Oberstleutnant v. Tiedemann seinen Tod. Der Oberpastor Grave
hielt ihm, der als bedeutender Militär und Ratgeber Essens galt, die Trauer=
rede. York war über das Schicksal der gefangenen Offiziere und Mannschaften
in Sorge und entsandte den Major von Rudolphi nach Riga, um mit Essen
eine eventuelle Auswechslung zu beraten. Er fand hier die Gefangenen gut
aufgehoben, die Offiziere, denen der Degen wiedergegeben war, sogar in Bür=
gerhäusern in Quartier. Die Verhandlungen, die zwischen Löwis, Massen=
bach und Roeder im Sastawa=Krug am 18. (6.) August fortgesetzt wurden,
führten jedoch zu keinem Resultat. Die meisten Offiziere traten bald darauf in
die von Freiherrn von Stein begründete deutsch=russische Legion über.

Wir fügen hier einige Blätter aus den Aufzeichnungen des preußischen
Offiziers Fr. Wilh. Magnus v. Eberhard ein. Er schreibt:

„Am 24. (12.) August gegen 6 Uhr abends erhielt unser Regiment plötzlich
den Befehl, sogleich anzutreten und sich zum Abmarsch bereit zu halten. In
derselben Nacht marschierten wir noch ab und verstärkten das Detachement des
Oberst v. Horn bei Plakanzeem, welches durch das Gefecht sehr geschwächt
worden war. Wir sollten am andern Tage den Posten von Dahlenkirchen
unter allen Umständen wiedernehmen und behaupten. Als wir in Plakanzeem
ankamen, war große Freude über unser Erscheinen, und alles schwur dem Feinde
Rache für den 22. (10.) August, besonders dem Major v. Tiedemann, dessen Be=
nehmen den Truppen gegenüber, bei denen er noch vor kurzer Zeit nur Wohl=
taten genossen, uns sehr empörte. Aber auch ihn sollte sein Schicksal ereilen;
wir erfuhren noch am 25., daß er im Gefecht am 22. schwer blessiert worden
und bald darauf gestorben sei mit den Worten: „Ich habe mein Los ver=
dient." Major v. Tiedemann war als ein kluger und sehr tüchtiger Offizier bei
uns bekannt gewesen. — Wider unser Vermuten blieben wir am 25. (13.) ruhig
im Biwak bei Plakanzeem stehen und rückten erst in der Nacht zum 26. (14.) in
aller Stille gegen Dahlenkirchen vor. Wir stießen nur auf schwache feindliche

Abteilungen, die überall zurückgeworfen wurden, und konnten den Posten bei Dahlenkirchen besetzen, ohne einen Mann verloren zu haben. Welch ein grausiger Anblick bot sich uns aber dar, welche furchtbare Verwüstung herrschte überall! Die Dörfer und Häuser waren öde, verlassen, meist eingeschossen, das

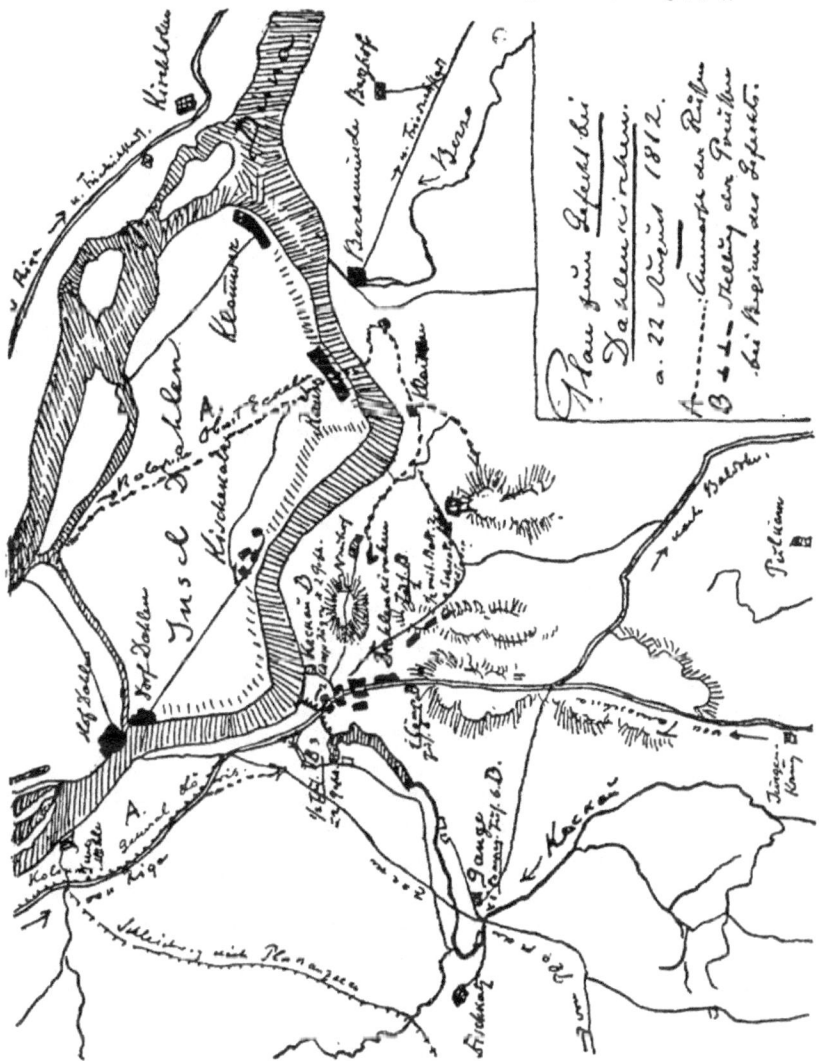

Vieh weggetrieben, die Felder lagen zertreten. Das alte Lager des Detachements v. Horn war in Asche verbrannt, hier und da lagen tote Pferde, Blut, Kleidungsstücke, zerbrochene Waffen, kurz wir hatten den traurigen Anblick eines Schlachtfeldes vor uns. Die Luft war verpestet, weil die Leichname nur

mangelhaft beerdigt waren. Es war unser erstes Geschäft, die Toten ordentlich zu begraben, von denen wir manche nur ganz oberflächlich mit Sand über= schüttet fanden, ebenso mußten die toten Pferde erst eingescharrt werden, um die Luft nur einigermaßen zu reinigen. Dann wurden die Trümmer des alten Lagers aufgeräumt und ein neues erbaut. Als ich abends nach Erledigung der Dienstgeschäfte — ich mußte die Feldwachen und Piketts auf ihre Plätze führen — zurückkehrte, hatte mein Bruder Fritz schon ein sehr nettes Hüttchen mit Hilfe der Burschen erbaut und es sogar ganz behaglich eingerichtet; er hat be= reits große Routine als Baumeister und ist für mich auch hierdurch ganz unersetzlich.

Des Nachts mußten wir hier stets unter Gewehr stehen, weil wir öfter vom Feinde alarmiert wurden. Die Gegend um unser Lager war recht schön; von einem Berge vor demselben sah man Riga liegen und rechts davon die Insel Dahlen (der Holm), die von den Russen sehr stark besetzt war. Diese Insel war von uns durch einen Arm der Düna getrennt, sah aus wie ein schöner gepflegter Park mit den schönsten Häusern, die von den russischen Offi= zieren aus Riga häufig besucht wurden. Oft winkten uns diese mit Taschen= tüchern zu und gaben uns Zeichen, wir möchten doch herüberkommen. Unsere Vorposten standen sich auf den beiden Ufern gegenüber und sahen sich miß= trauisch an. Drüben bei den Russen sah alles so friedlich und schön aus, ruhig pflügte der Landmann seinen Acker, und bei uns war bereits der blutige Krieg vernichtend und zerstörend über die Gefilde hingebraust, auch jenen auf dem anderen Dünaufer eine furchtbare Mahnung: wer weiß, wie lange ihr noch im Frieden euer Leben genießet!"

Weitere Aktionen gegen Riga freilich konnte York nicht planen, ehe nicht der für eine Belagerung notwendige große Geschützpark beisammen war, der eben damals bei Schloß Ruhenthal zwischen Mitau und Bauske einzutreffen begann. Ja, es lag die ernste Gefahr vor, daß die Russen von Riga aus den kühnen Gedanken zur Tat werden lassen könnten, durch einen energischen, mit allen verfügbaren Kräften unternommenen Angriff auf Ruhenthal die Zer= nierung zu durchbrechen und die zur Verteidigung des Belagerungsparks zu= sammengezogenen preußischen Truppen zu vernichten.

Um diesem gefährlichen Plan rechtzeitig zu begegnen, befahl York daher, unter starker Abgabe von Truppen aus Olai an Horn, Dahlenkirchen nur durch Beobachtungspiketts zu besetzen, das Hauptquartier bei Tomaschna südlich auf dem Wege nach Eckau zu nehmen. Sollte ein Hauptvorstoß der Russen er= folgen, so sollten die Truppen alle über Eckau nach Ruhenthal zurückgehen, wohin York auch von der Division Grandjean im Falle der Gefahr von Westen Sukkurs heranziehen zu können hoffte.

Der entscheidende Schlag sollte in der Tat bald erfolgen. Am 23. (11.) September war in Riga nämlich zu Schiff aus Finnland das Korps des Grafen Steinheil, ca. 10,000 Mann, eingetroffen und mit ihm der Befehl Kaiser Alexanders, sofort die Zernierung von Riga zu durchbrechen, um sich

des feindlichen Belagerungsparks zu bemächtigen, ferner den Marschall Macdonald von einer Division gegen das I. russische Korps unter Graf Wittgenstein
abzuziehen. So wurde denn von russischer Seite ein Vorgehen auf der ganzen
Linie beschlossen.

## V.
### Die Schlacht bei Bauske.
#### Vom 26. (14.) September — 2. Oktober (20. September).

Das von den Russen ins Werk gesetzte Unternehmen trug von Beginn an
den Keim des Mißerfolges in sich, da es zwischen Essen und Steinheil, dem
der Kaiser, obwohl er im Dienst jünger war, den Oberbefehl anvertraut hatte,
zu Konflikten kam. Essen dachte an einen Vorstoß gegen Mitau als den Sitz
der französischen Behörden, Steinheil wollte den Ruhenthaler Artilleriepark
fortnehmen und, da keiner nachgab, so führte das zu einer Zersplitterung der
Kräfte. In einem Kriegsrat einigte man sich schließlich dahin, eine Scheindivi-
sion gegen Schlock, Mitau und Olai zu unternehmen, die Hauptarmee aber, 18,000
Mann Infanterie, 1300 Mann Reiterei und 23 Geschütze, unter Löwis und Steinheil über Dahlenkirchen, Eckau auf Bauske vorstoßen zu lassen und den auf 130
Geschütze angewachsenen Artilleriepark aufzuheben.

Mit großer Energie handelte nun York. Er gab seine Stellung bei Olai auf,
vereinigte sich durch einen Rechtsabmarsch auf Eckau mit Horn und rief Kleist
von links, den Obersten Hünerbein von Friedrichstadt herbei. Am 28. (16.) September nahm er bei Schloß Ruhenthal Aufstellung, wo in der Morgenfrühe des
29. (17.) Sept. auch Kleist eintraf und am selben Tage Hünerbein seinen Anmarsch
auf Zerrauxt südlich von Bauske signalisierte. Die preußische Stellung war eine
überaus ungünstige, und man begreift, daß Augenzeugen von höchst verdrießlicher
Laune des Generals York berichten, in dessen Charakter es lag, vor der Entscheidung sich trüben Gedanken hinzugeben, die sich erst zerstreuten, wenn die
gegenwärtige Gefahr seine großartigen militärischen Eigenschaften hervortreten
ließ. Die Frage entstand: sollte York den Belagerungspark bei Ruhenthal,
der ohne sein Verschulden in eine so gefährliche Lage gekommen war, verteidigen
und das Korps einer Niederlage der feindlichen Macht aussetzen, oder seine
Truppen dem Könige erhalten und den weniger ehrenvollen, aber vielleicht
klugen Ausweg wählen, den Park seinem Schicksal zu überlassen und nach
rechts zur Düna Anschluß an das X. Korps unter Macdonald zu suchen. Die
Offiziere waren geteilter Meinung, bis der Rittmeister à la suite Graf
Brandenburg mit kühner und entschiedener Beredsamkeit seine Meinung durchsetzte, die Waffenehre verlange unter allen Umständen, daß die Preußen sich
bei Ruhenthal bis auf den letzten Mann schlügen. So wurde denn am 16.
(28.) September um 9 Uhr abends in einem Kriegsrat im Kohlkrug auf dem
nördlichen Uafer, Ruhenthal gegenüber, die Vereinigung aller Truppen in
Ruhental, also auf dem südlichen Uafer befohlen und in stockfinsterer Nacht

ausgeführt. Das Korps nahm hinter einem tiefeingeschnittenen Bach zu beiden Seiten des Geschützparkes Aufstellung, dessen Geschütze in einem gegen Mitau offenen Viereck aufgefahren waren: die 45 Zwölfpfünder waren an den drei Seiten gleichmäßig verteilt, die 25pfündigen Haubitzen standen in den Ecken und an den Hauptzügen. Die noch auf den Transportwagen befindlichen 25=pfündigen Kanonen und schweren Mörser wurden als Barrikaden zwischen den übrigen Geschützen aufgestellt, die Kugeln vor der Front und den Flanken des Vierecks niedergelegt und in dessen Mitte alle Artilleriefahrzeuge vereinigt — das ganze wohl eine der merkwürdigsten Stellungen, die die Kriegsgeschichte kennt. Am Morgen des 29. (17.) Septembers freilich erkannte York, daß diese Position schwer zu halten sei: ringsum in der Nähe große Waldungen, namentlich nach Bauske zu, in der Mitte der alles hindernde Park, im Rücken, kaum 1000 Schritt zurück, zwei Scheunen, in denen 5000 Zentner Pulver lagen, in der Verlängerung des rechten Flügels ein mit Munition aller Art gefülltes Laboratorium. Zu gleicher Zeit, als Kleist am 29. (17.) September früh aus Mitau in Ruhental eintraf, kam Kunde vom Anmarsch der Russen. Sie hatten sich geteilt und marschierten in zwei Kolonnen heran, die eine auf Bauske, die andere auf Gräfenthal, etwa anderthalb Meilen nordwärts von Ruhenthal. Darauf beschloß York, sofort bei Mesoten, zwischen Ruhental und Gräfenthal, über die Aa nordwärts auf die gegen Gräfenthal anrückenden Russen vorzustoßen. „Mein längst gefaßter Entschluß, mich aus dieser peinlichen Lage durch einen kraftvollen Angriff auf den Feind zu ziehen, wurde unerschütterlich fest," heißt es in Yorks Gefechtsbericht. Während Hünerbein Bauske besetzte und Janneret von Mesoten aus Steinheil beschäftigen sollte, der bei Boden, einige Werst nördlich von Bauske, stehen geblieben war, wollte er bei Gräfenthal den Haupt=schlag tun. Aber die Russen standen verzettelt an mehreren Punkten und zogen sich, ohne sich einer eigentlichen Entscheidung auszusetzen, beim Kosakenkruge und bei Gräfenthal von den Preußen scharf bedrängt, dem Laufe der Aa folgend auf Pastorat Sallgaln zurück, wohin ihnen am 30. (18.) September auf beiden Ufern der Aa die Preußen folgten.

Am Abend vorher war an eine Verfolgung seitens der Preußen nicht zu denken gewesen; die bitterkalte Nacht, die nassen Kleider und die große Ermüdung stellten sich hindernd in den Weg, zudem hatte man 9 Offiziere und 350 Mann eingebüßt. Für die Russen war der Hauptzweck der Kämpfe nicht erreicht; bereits in der Nacht hatte der russische Oberkommandierende beschlossen, von weiteren Unternehmungen gegen den Artilleriepark abzustehen und hatte den allgemeinen Rückzug auf Garosen an der Aa, wo der Weg nach Peterhof—Riga abbiegt, befohlen. Mit russischen Arrieretruppen, die beim Lautschukrug und bei Sallgaln den Abzug der Hauptarmee tapfer deckten, kam es am 30. (18.) September zu für die Russen verlustreichen Gefechten. Sie büßten ca. 1400 Gefangene ein, einer entscheidenden Niederlage entgingen sie aber, da York den Befehl zum Abbruch des Kampfes gab, weil ein zu ungestümes Vordrängen bei nicht genügender Information über die Stellung des Feindes den unseligen Belagerungspark in Gefahr hätte bringen können.

Als am anderen Morgen, dem 1. Oktober (19. September), die Verhältnisse sich dahin klärten, daß die Russen Eckau geräumt hatten, und sowohl auf dem Wege nach Dahlenkirchen, wie über den Garosekrug nach Riga zurückgingen, erhielten die Preußen bei Tagesanbruch den Befehl aufzubrechen. Das Gros sollte Mitau erreichen, eine kombinierte Kolonne unter Oberst Jeanneret die russische Arrieregarde beim Garosekrug werfen und die Verfolgung auf der Rigaer Straße aufnehmen.

Die Vorhut der Kolonnen unter Jürgaß stieß mit den an der Garose sich tapfer zur Wehr setzenden Russen zusammen. Es kam zu einem erbitterten Ringen, bis das um 11 Uhr vormittags eintreffende Gros unter Jeanneret den arg bedrängten Jürgaß entsetzte. Aber erst als von Eckau her weitere Truppen unter Hünerbein herangezogen worden waren und gegen Abend den Russen in die linke Flanke fielen, gelang es den Preußen durch einen stürmischen Angriff auf der ganzen Linie über die Garose zu ziehen und die Russen aus dem hartnäckig verteidigten Garosenkrug hinauszuwerfen.

Das preußische Hauptkorps war unterdessen nach Mitau gelangt. Hier hatten die Russen während einer Besetzung von 2 Tagen — v. 29. (17.) September bis 1. Oktober (19. September) — die alten Behörden wieder einge= setzt; dann hatten sie die Stadt aber wieder geräumt. Essen selbst hatte die hier konzentrierten 4000 Mann auf die Nachricht vom Mißerfolge der Steinheilschen Truppen nach Olai zurückgeführt. York traf nun weitere Maßregeln, um die beim Garosenkruge festgehaltenen Russen von der Rückzugslinie abzuschneiden. Raumer erhielt Befehl, zur Garose aufzubrechen, Kleist, auf Olai vorzustoßen. Doch diese Maßnahmen blieben ohne Erfolg: dank der glänzenden Verteidigung der Arrieregarde beim Garosekrug hatte Steinheil die Hauptkräfte auf Riga zu in Sicherheit bringen können. Am 1. Oktober (19. September) war er in Olai, am 2. Oktober (20. September) zog er, von Essen gefolgt, wieder in Riga ein. Nur einige hundert Ermüdete fielen den Preußen in die Hände, die bei Peterhof Halt machten.

So war das russische Unternehmen gegen den Belagerungspark mißlungen, trotzdem den 22,000 Russen nur 16,800 Preußen gegenüber gestanden haben. Erstere verloren in den unter dem Namen der Schlacht bei Bauske zu= sammengefaßten Kämpfen vom 26. (14.) September bis 2. Oktober (20. September) 4—5000 Mann, darunter allein 2500 Gefangene. Aber auch die preußischen Verluste waren schwer: sie betrugen 42 Offiziere, 81 Unteroffiziere und 1096 Mann. York selbst maß diesen Kämpfen auch politisch eine große Bedeutung bei. „Die Schlacht bei Bauske und die mit derselben verbundenen fünftägigen Gefechte waren," sagte er in einer späteren Denkschrift, „für Preußens Politik von größter Wichtigkeit. Für mich waren sie von größter Genugtuung, sie zwangen Napoleon, der mich haßte, zur Anerkennung, daß ich Soldat sei." Es waren dieses zugleich aber auch die letzten großen Kämpfe der Preußen gegen die Russen auf dem kurländischen Kriegsschauplatz. Zwar nahmen die Preußen allmählich wieder die alte Zernierungslinie vor Riga ein: York selbst in Peterhof=Olai, Horn in Dahlenkirchen, und an einzelnen Gefechten, gegenseitigen

Ueberfällen und kleinen Zusammenstößen hat es im Oktober und November nicht gefehlt — namentlich seitdem an Essens Stelle Mitte September der Marquis Paulucci den Oberbefehl in Riga übernommen hatte, zeigten die Russen wieder größere Rührigkeit — aber größere kriegerische Operationen hörten auf, da die Grundbedingungen sich völlig verändert hatten. Das Steinheilsche Korps war nämlich nicht mehr, um die Scharte auszuwetzen, gegen York verwandt worden, sondern in Eilmärschen auf dem rechten Dünauser an den General Wittgenstein herangerückt, um mit diesem gemeinsam gegen St. Cyr zu operieren, der an des verwundeten Marschalls Oudinot Stelle den Oberbefehl über die französische Nordarmee übernommen hatte. Am 5. Oktober (23. September) verließ Steinheil Riga. Macdonald aber, der York zu Hilfe geeilt und auf die Kunde von dessen Sieg nicht umgekehrt war, sondern mit der Division Bachelu sein Hauptquartier nach Stalgen (nicht weit von Garosen) an der Aa verlegt und selbst den Oberbefehl gegen Riga übernommen hatte, unterließ es seinen Kollegen von der drohenden russischen Gefahr zu benachrichtigen.

## VI.

### Die Wintermonate. — Kleinkrieg bis zum Abzuge aus Kurland.

Es ist bedauerlich, daß für die Zustände im russischen Lager alle näheren Einzelangaben fehlen. Wir sind, wenn wir charakteristisches Detail anführen wollen, ausschließlich auf preußische Quellen angewiesen. Der Kleinkrieg, der im Herbst und Winter in Kurland geführt wurde, hat aber auch eine allgemeine Bedeutung, die es rechtfertigt, wenn von ihm in diesem Zusammenhang geredet wird: die Wintermonate 1812 wurden für Yorks Truppen eine vortreffliche Schule für den kommenden Befreiungskrieg, in dem die Preußen Schulter an Schulter mit den Russen gegen Napoleon gefochten haben. Der Guerillakrieg, der an ihre Aufmerksamkeit und Kriegsbereitschaft die höchsten Anforderungen stellte, und die Unbilde des rauhen Winters bildeten ihre Tüchtigkeit immer weiter aus und knüpften das Band zwischen Offizieren und Mannschaften immer enger. Leutnant v. Hartwig hat uns interessante Schilderungen dieses Lager-lebens in den Hütten, die man herstellte, gegeben: „Vier bis fünf Mann gruben ein etwa 3 Fuß tiefes Loch zur Lagerstelle aus; über dieser wurde dann aus Korngarben ein Dach gesetzt, hin und wieder war in einem Winkel der Grube aus Steinen ein Kamin gebaut. Den Tag über hausten wir Offiziere in einer Stube eines zum Pastorat (Eckau) gehörigen Seitengebäudes. Unsere Verpflegung war die tägliche Lieferung von 1 Pfd. Fleisch, 10 Lot Grütze, die manchmal mit 8 Lot Reis wechselte, 1½ Quart Branntwein und 2 Lot Salz. Von Fleisch und Branntwein erhielten die Leute nur die Hälfte der Offiziersportion. Geld fehlte uns fast sämtlich, weil wir bereits seit dem 1. August kein Gehalt mehr bekommen hatten, da die Durchzüge der großen befreundeten Armee durch

Preußen alle Kassen erschöpft, ja selbst die Hilfsquellen der Provinz auf lange
hinaus vernichtet hatten. Scheinbar war unser Befinden eben gar kein behagliches
und doch, wie froh sind wir in dem engen Nebenstübchen des Pastorats gewesen!
Was der Scherz an geselligen Spielen erdenken kann, ward hier gemütlich und
heiter getrieben. Konzerte mit fingierten Instrumenten wurden ausgeführt, alle
Art Schabernack und Neckerei getrieben, soweit gegenseitiges Wohlbehagen und
allgemeiner Sinn der innigen Verbrüderung ihn zuließen."

Hier einige weitere charakteristische Auszüge: „Wenn es bei den Vorposten
verdächtig war, wurde abends bei den Feuern gelagert unter unseren unverzagten,
viel leidenden und entbehrenden braven Füsilieren, die gern von ihrem mühsam
herangeschleppten Stroh dem Leutnant ein weiches warmes Lager bereiteten,
ihn damit bedeckten, ehe sie sich legten, die eigentlich die Last des Krieges
trugen, ohne Aussicht für die Zukunft." „Die Gegend ist hier vollständig aus=
gesogen. Man würde gern einen Schinken bezahlen, ober den gibt es weit
und breit nicht mehr, also wird Bullenfleisch wieder gegessen." Zum 21. (9.) Oktober
verzeichnet Hartwig: „Es trat eine sehr empfindliche Kälte ein und in der Nacht
schneite es zum ersten Mal, so daß uns am folgenden Tage die Pelze, die dem
Bataillon geliefert wurden, sehr wohl taten. Die Pelze für die Leute waren
größtenteils bereits von den Einwohnern getragen und sahen keineswegs ein=
ladend aus; der staubige Müllerpelz stand im Gliede neben dem geschwärzten
des Schmiedes oder Teerbrenners, aber jeder war eine Wohltat. Wir Offiziere
erhielten neue, sehr vollständige Schafpelze mit einer Kapuze, die wir über den
Czako ziehen konnten. Ein verdächtiger Anblick solch ein Bataillon! Unförmige
Gestalten in gegerbten Schaffellen, die Leute das Lederzeug und die Offiziere
die Schärpe darüber." Am 27. (15.) Oktober, wo Hartwig beim Eckauschen
Samsonkruge auf Vorposten stand, schreibt er: „Am Tage waren wir Offiziere
im Kruge und die Leute im Pferdeschuppen untergebracht, nachts lag alles
am Wachtfeuer, und in seinen Lieferungspelz gehüllt präsidierte auf einem
Schemel sitzend unser würdiger Kapitän v. Kasteloot, stocherte mit einem langen
Stecken behaglich im Feuer und leitete die Erzählungen und Scherze, womit
versucht wurde, die Leute bei gutem Mute und froher Laune zu erhalten."
Wie sehr das gelang, wie brav die Leute ihre Pflicht taten und nie murrten,
davon gibt Hartwig immer wieder Belege. Am 29. (17.) Oktober hört man
feindliches Gewehrfeuer: „Alles griff von selbst zu den Gewehren, und als wir
vor die Tür traten, standen unsere wackeren Jungen bereits in voller Ordnung.
Der Feldwebel Sennecke hatte nie nötig, eine Rotte voll zu machen, das geschah
alles von selbst." Bei dem sich entwickelnden Gefecht wurden die Russen bis zur
Misse verfolgt, dann kehrte man in die Eckauer Stellung zurück. Hartwig
bezeugt auch hier: „Bei unserm Rückzug konnte man sehen, wie brav unsere
Leute waren, obgleich sie beständig auf den Flanken durch Kavallerie bedroht
waren und die feindlichen Granaten über uns wegflogen." Auf die kleineren
militärischen Vorgänge, die, wie oben schon hervorgehoben worden ist, keine
prinzipielle Bedeutung mehr hatten, braucht hier nicht weiter eingegangen zu
werden, es genügt zu sagen, daß bei Dahlenkirchen, Friedrichstadt, Neugut und

Eckau im November scharmützelt wurde, wobei besonders schneidig sich Horn bewährte.

Veranlaßt wurden diese Kämpfe durch den neuen Militärgouverneur Marquis Paulucci, der seit den ersten Novembertagen Essen abgelöst hatte und sich durch kühne Unternehmungen bemerkbar machen zu wollen schien. Russische Truppen kamen namentlich zwischen Dahlenkirchen und Friedrichstadt über das Eis der Düna, da die Kälte bereits auf 18 Grad gestiegen war und die Eisdecke der Gewässer überall hielt. Als die Russen über Wallborf und Neugut vorstießen, beschloß Macdonald die östlich Eckau vorgedrungenen Abteilungen

Generaladjutant Philipp Marquis Paulucci,
Generalgouverneur von Livland und Kurland.

abzuschneiden und die Gegend dort ein für alle mal zu säubern. Zwischen dem 15. (3.) und 19. (7.) November fanden denn auch täglich vereinzelte Gefechte an den genannten Orten statt, die zwar zu Gunsten der französischpreußischen Truppen ausfielen, nicht aber den von Macdonald gehofften Enderfolg hatten. Am 15. (3.) November operierte Horn so erfolgreich gegen Dahlenkirchen, daß er bei einem Verlust von nur 20 Mann dem Gegner 100 Tote und Verwundete beibrachte und 400 Gefangene machte. Eine Rekognoszierung am 16. (4.) November gegen die Neue Mühle zur Insel Dahlen rief in Riga, wo man den Kanonendonner hörte, lebhafte Unruhe hervor. Löwis, der den Feind, der natürlich keine Absichten auf Riga haben konnte, zurückdrängte, erhielt den Wladimirorden II. Klasse. Am 17. (5.) November abends rief ein Befehl des Marschalls Bachelu die Preußen wieder nach Eckau zurück. Die anderen preußischen Abteilungen, die mehr zur Düna zu, bei Friedrichstadt und Wallhof standen, nahmen von den Russen am 17. (5.) und 18. (6.) November in Scharmützeln 19 Offiziere und 540 Gemeine gefangen.

Macdonald erkannte in einem Tagesbefehl die Tapferkeit der Preußen an: „Dem Brigadier Oberst v. Horn, nach seiner Gewohnheit bei den Tirailleurs sich aufhaltend, wurde ein Pferd unter dem Leibe erschossen, wobei er durch den Sturz eine starke Kontusion erhielt, die den braven Militär indeß nicht abhalten konnte, an die Spitze seiner Truppen zurückzukehren." Ferner: „Der Marschall bezeugt seine Zufriedenheit den Offizieren aller Grade und Waffen, den Truppen nicht weniger über ihr gutes Benehmen bei dieser Gelegenheit, wo die Rauheit der Witterung, die Entbehrungen aller Art, und die Gewalt= märsche die Unternehmung so höchst schwierig machten." Zu seinem Freunde Bergier äußerte er sich noch lobender: „Hohe Achtung muß man der Bravour und Ausdauer der preußischen Truppen und der richtigen Einsicht ihrer Offiziere zollen, und meine Achtung vor ihnen steigt mit jedem Tage, sie rufen Hurra! dann sind sie auch dem Feinde gleich mit dem Bajonett in den Rippen."

Trotzdem wurde das Verhältnis zwischen dem Marschall und dem preußi= schen Oberkommandierenden York, dessen Reizbarkeit groß war, bald ein sehr ge= spanntes, was teils durch Macdonalds Bestreben, preußische Abteilungen unter französischen Befehl zu stellen, teils durch die Uebergriffe der französischen Inten= dantur in die ohnehin sehr schwierige Verpflegung der preußischen Truppen hervorgerufen wurde.

Seit Mitte November war große Kälte eingetreten, die um so fühlbarer wurde, als ein Teil der Truppen noch immer Leinenhosen trug. York schrieb u. a. an den König: „Durch den hohen Grad der Kälte stehen die Truppen sehr viel aus, besonders aber diejenigen, die noch jetzt in Stroh und Erdhütten haben lagern müssen; auch leidet die Kavallerie, deren Pferde z. T. auf den Vorposten unter freiem Himmel stehen, außerordentlich. Die Anzahl der Kranken nimmt sehr zu, wozu nun auch täglich Leute mit erfrorenen Gliedmaßen treten." Ferner meldete er, daß wieder seit geraumer Zeit die Kriegskasse gänzlich von Geld entblößt und dadurch die Not bei den Truppen, besonders aber den Offizieren zu einem Grade gestiegen sei, der wahrhaft bemitleidet zu werden verdient. Alle Beschwerden bei Macdonald blieben ohne Antwort, so daß York sich am 23. (11.) November gezwungen sah, ihm zu bemerken, er habe Pflichten wegen Erhaltung der Truppen gegen seinen König und sei verpflichtet, einer völligen Auflösung des Dienstes und ernster Gefährdung der preußischen Waffenehre vorzubeugen. Macdonald antwortete sehr scharf mit Vorwürfen und persönlichen Beschuldigungen gegen York über seinen bösen Willen.

Hartwich überliefert uns eine charakteristische Szene zwischen York und dem Macdonaldschen Generalstabschef Oberst Terrier, der mit einem Schreiben voll beleidigender Anschuldigungen bei York in Peterhof erschien. York legte das Schreiben, nachdem er es gelesen, hinter sich auf den Tisch, auf dem er es halbsitzend gelesen hatte. Terrier drang auf eine Antwort, York lehnte sie aber ab. Terrier wünschte womöglich eine Aeußerung des Unwillens, Verlangen nach einer Untersuchung zu vernehmen, die dem Marschall Gelegenheit geboten hätte, den General einstweilen zu suspendieren. York lehnte für den Augenblick jede Antwort ab und versprach sie am andern Vormittag. Der Oberst Terrier stand etwas verdutzt da, der General sah ihm schweigend und unverwandt mit dem ihm eigenen sardonischen Lächeln ins Gesicht. Terrier drang nochmals darauf, welche Antwort er zu bringen habe, und endete damit, er müsse dem Marschall Bericht abstatten und bäte also, ihm vorläufig zu sagen, was der General avait resolu de faire; der General antwortete in der angeführten Haltung und Art: de me coucher sitôt que vous serez parti, worauf der Oberst sich dann verblüfft beurlaubte. Wer weiß, welchen Umfang diese Zwistigkeiten genommen hätten, wenn nicht die Nachrichten von der Großen Armee, von deren furchtbarem Geschick allmählich Kunde durchsickerte, Anfang Dezember den sofortigen Aufbruch aus Kurland zur Folge gehabt hätten. Am 14. (2.) Dezember langte bei Macdonald ein Befehl Berthiers an, ungesäumt hinter den Njemen abzumarschieren. Macdonald wies darauf York, der am 16. (4.) Dezember in Mitau erfahren, daß die Ueberreste des Kaiserlichen Heeres in traurigstem Zustande auf preußischem Boden angelangt seien, an, die Bagagen von Mitau nach Memel in Marsch zu setzen, wohin der Ruhenthaler Artilleriepark schon früher abgeführt worden war. Bei Janischki sollten die Abteilungen sich konzentrieren. Am Abend des 20. (8.) Dezembers verließ hierauf das Yorksche Korps seine Stellungen an der Eckau und Misse, die es seit dem 19. (7.) Juli, also volle fünf Monate, inne gehabt hatte In einem Nachtmarsch von mehr als vier Meilen bei 24 Grad Kälte, Glatteis und starkem Schneefall erreichte es die litauische Grenze. Langsam folgten ihm die Russen — Löwis (ca. 9000 Mann) und Paulucci (ca. 2500) — gemäß der vom Oberkommandierenden Kutusow erteilten Weisung: „das Verweilen Macdonalds in der Gegend von Riga zu benutzen, um ihn vom Njemen ab nach der Ostsee zu drängen."

---

## VII.

### Riga nach dem Brande. — Die Franzosen räumen Kurland. — Die Konvention bei Tauroggen.

Der Brand der Vorstädte hatte einen tiefen Eindruck in der Stadt hervorgebracht. „Der Gewinn eines ganzen Jahrhunderts, der Preis von Mühe und Fleiß, von Liebe und Treue im Beruf ist dahin," schreibt Oberpastor Grave in seinen 1814 erschienenen „Skizzen", „und der Greis sucht vergebens die Ruhestätte des Alters und die Jungfrau den Platz, auf dem sie erwuchs, und der Knabe den Baum, der seinen Spielen Schatten gab! Wohl zehntausend

Menschen sind obdachlos geworden; wohin sind die Armen entflohen? Sie suchen den Schutz der Wälder, sie liegen in der freien Luft da; die Stadt ist zu klein, sie alle aufzunehmen, und was noch von den Vorstädten steht, viel zu unbedeutend, viel zu sehr mit Menschen angefüllt."

In der allgemeinen Bestürzung versuchte Gesindel zu rauben und zu plündern, aber das Militär schritt ein, zwei Räuber wurden erschossen und die reitenden Bürgerkompagnien und die zu Fuß bewiesen, daß sie nicht nur zur Parade existierten, sondern auch die Ordnung aufrechtzuerhalten und Wachen zu stellen vermochten. Aber das Gefühl, daß die Vorstädte, mochte der Befehl zu ihrer Verbrennung noch so sehr formell vorliegen, unnütz aufgeopfert worden waren, brach sich überall Bahn, so daß Essen es für notwendig hielt, am 29. (17.) Juli eine Proklamation an die Bürgerschaft Rigas zu erlassen, in der es hieß: „Sobald der Feind die Grenzen des Reichs betritt, muß jede Festung in vollen Verteidigungsstand gesetzt sein. Nach diesem allgemeinen militärischen Gesetz konnten die Vorstädte, der Verteidigung hinderlich, also lange nicht mehr geduldet werden. Ein besonderer bestimmter Befehl schrieb mir auch einen viel frühern Termin hierzu vor, als welchen ich gewählt. Ich zögerte — aus Teilnahme für die Unglücklichen, welche dem allgemeinen Wohle so schwere Opfer bringen mußten, so lange es sich nur mit meiner Pflicht vertrug, welche heilig zu erfüllen ich dem Kaiser, dem Vaterlande, den Einwohnern der Stadt und meiner persönlichen Ehre schuldig war. Endlich mußte ich diese notwendige Maßregel erfüllen — mußte vernichten! Ich bin überzeugt, daß die edlen, aufgeklärten und so pflichttreuen Bürger Rigas, in der Ueberzeugung der Verbindlichkeit, in der ich mich befand, sich mit mir vereinigen werden, das Schicksal der Leidenden zu mildern. Mein Schmerz über deren Zustand kann nur durch die Vollmacht geheilt werden, welche ich von unserm großen Monarchen erhalten habe, alle Mittel aufzubieten, um seine getreuen Untertanen zu beschützen, alle Mittel; um die dadurch leidende Menschheit zu trösten und zu unterstützen. Zu dieser Mitwirkung fordere ich die edlen Bürger Rigas nicht auf, denn ihre Vaterlandsliebe, ihr treuer Eifer werden mir darin zuvorkommen. Ich bitte sie bloß, vorzüglich den Wohledlen Magistrat, mir die Gelegenheit zum Wohltun im Namen Sr. Kaiserlichen Majestät mit dem Zutrauen anzuzeigen, welches ich von den Einwohnern Rigas zu besitzen so sehr wünsche. Alle durch jenen Brand dürftige Personen müssen sich an den Magistrat wenden, weil meine Unterstützungen bloß durch die Zeugnisse des Magistrats statthaben können."

So wurde denn eine Kommission eingesetzt, die anfänglich unentgeltlich Brot verteilte, bis die Mittel zusammenkamen, um mehr tun zu können. Die Gaben liefen bald sehr reichlich ein, auch aus Petersburg trafen große Summen, darunter Spenden von der Kaiserlichen Familie, ein. Am 31. (19.) Juli veranstaltete die Theaterdirektion zum Besten der Abgebrannten eine Vorstellung. „Der Sänger Arnold, ein Mann, der eben so sehr als Mensch geliebt, wie als Künstler gern gesehen wird, der aber ganz vom Theater sich zurückgezogen hat und nach Wien, seiner Vaterstadt, zurückgehen will, hatte sich" —

so berichtet Grave — „erboten, für diesen Zweck noch einmal in einer Lieblings=
rolle des Publikums aufzutreten. Es war der Armand in der Oper „Ein
Tag in Paris". Dieser füllte dann das Haus übermäßig, und wir hatten
großen Genuß an der herrlichen Vorstellung. Da Siegesnachrichten von Tor=
massow eingegangen waren, wurde vor der Oper von dem Publikum ein pa=
triotisches Siegeslied angestimmt."

So kehrte die Ruhe allmählich wieder ein und der Feind blieb fern. Von
dem Petrikirchenturm konnte man ihn bei Keckau am linken Dünaufer mit dem
Fernrohr beobachten. Sonst gelangten im Juli nur gelegentliche Nachrichten
von den bei Olai den Preußen gegenüberstehenden russischen Feldwachen in die
Stadt, gelegentlich auch allerlei Anekdoten und Kriegsklatsch, wie er zu solchen
Zeiten immer umgeht. Man erfuhr, daß Belagerungsgeschütz aus Danzig her=
beigeschafft werden sollte, um es gegen Riga zu verwenden; falsche Gerüchte
wollten am 10. August (29. Juli) wissen, es sei schon in Mitau angelangt.
Dann bekam man es wohl mit der Angst, da die Garnison nicht groß war
und es an Artilleristen so sehr mangelte, daß für die städtischen Geschütze die
Ligger (Flachs= und Hanfwraker) herbeigeholt werden mußten. Mit Spannung
sah man in jenen Tagen dem Unternehmen des Generals Löwis gegen Dahlen=
kirchen, wo der preußische Oberst von Horn mit schwachen Truppen auf vor=
geschobenem Posten stand, entgegen. In Erwartung einer größeren Anzahl von
Verwundeten wurden außer dem Feldhospital das Gouvernementsgymnasium,
das Schloß, das Ritterschaftshaus, das Schwarzen=Häupterhaus und das soge=
nannte Kaiserliche Palais an der Palaisstraße zur Aufnahme instand gesetzt.
Einen schmerzlichen Anblick boten die bald in die Stadt gebrachten vielen Ver=
wundeten, Russen und Preußen. Unter ihnen war auch, wie früher bereits be=
richtet worden, der Oberstleutnant v. Tiedemann, der mit der Kolonne des
Obersts von Eckeln, durch die Furt gewatet war und, indem er mit einem
Detachement Grodnoscher Husaren mutig vordrang, von einer preußischen Kugel
getroffen worden war. Am 25. (13.) August fand seine Beerdigung von der
Petrikirche aus unter allen militärischen Ehrenbezeugungen statt. Die Kirche
war mit Menschen überfüllt, hinter dem Sarge des in russischen Kriegs=
diensten gefallenen klugen und tapfern Offiziers gingen die Generäle und Offi=
ziere, und auf dem Kirchhof wurden drei Salven aus Flinten und Kanonen
abgefeuert.

Man war damals in Riga offenbar gehobener Stimmung. Der Erfolg
von Löwis gegen Horn, die nicht geringe Zahl gefangener Preußen, dazu die
Nachrichten von den Siegen Wittgensteins an der Düna bei Polozk gegen
St. Cyr und Oudinot versetzten alle in Begeisterung. Wittgensteins Name
war auf Aller Lippen. Kannte man doch den tapfern General, der früher als
Divisionär lange in Riga gestanden und sich damals durch seine Bonhomie Aller
Herzen gewonnen hatte, persönlich.

Man erzählte sich damals wohl auch, Essen sei von dem preußischen General
Grawert zur Uebergabe aufgefordert worden und habe stolz geantwortet: „Riga
ist weder Magdeburg noch Küstrin, Essen weder Kleist noch Ingersleben."

Am 14. (2.) September langte vom Bankier Rall aus Petersburg eine Estafette an: bei Moshaisk, 14 Meilen von Moskau, sei ein großer Sieg über Napoleon erfochten worden, 100,000 Mann habe der Feind verloren, Kutusow sei vom Kaiser zum Feldmarschall ernannt worden, Davout sei gefallen, Ney und Murat gefangen. Es war die überall verbreitete, von Kutusow selbst aus= gehende falsche Nachricht vom Siege bei Borodino am 26. August, die in Riga hellen Jubel hervorrief: auf der Gasse umarmten sich Freunde und Fremde, alle riefen sich zu: „Wissen Sie es schon?“ „Endlich!“ „Gott sei Dank!“ Grave weiß folgendes zu berichten: „Eine Gesellschaft Musikfreunde, welche zu der russischen Hornmusik sich vereinigt hat, gab der Freude noch einen höheren Schwung; sie hatten sich in einem Hause am Markt versammelt und spielten bei offenen Fenstern. Eine große Menschenmenge bedeckte den Markt; nach der feierlichen Musik des Chorals „Nun danket alle Gott“ er= schallte die Melodie des Volksliedes God save the king, die hier oft ge= sungen ist, und im schönsten Patriotismus stimmten die Versammelten bei dem heitern köstlichen Abende ein altes Lied an: Heil Alexandern! Heil! Ein volles Hurra schloß den Gesang, Hüte flogen in die Luft und es war ein wahrhaft erhebender Gottesdienst, so feierlich, als er vielleicht von wenigen so je emp= funden wurde!“

Dann kam freilich der Rückschlag. Dunkle Gerüchte wollten wissen, Na= poleon sei in Moskau eingezogen, sie verstärkten sich immer mehr und wurden schließlich zu erschütternder Gewißheit. Zu gleicher Zeit kam die Nachricht, daß das gegen Riga bestimmte Belagerungsgeschütz Anfang Dezember in Ruhenthal einzutreffen beginne und von dem von Saragossa her berühmten Artilleriegeneral Campredon befehligt werde. Aengstliche Gemüter nannten gar den 4. Oktober als Tag, wo er vor Riga eintreffen werde, noch andere erzählten, er habe als Bauer verkleidet die rigaschen Festungswerke inspiziert. Dann aber wenden sich alle Hoffnungen auf die große Operation, die Essen und der mit 10,000 Mann aus Finnland eingetroffene General Steinheil gegen Ruhenthal ins Werk setzen, um den Belagerungspark aufzuheben. Voll Freude begleitete man die ausmarschierenden Truppen, mit Jubel erfuhr man, Essen habe Mitau befreit. Eine Menge Mitauer Zeitungen und Drucksachen kamen so nach Riga, die alle die unbestreitbare Wahrheit an mehreren Stellen enthielten: „bei der Belagerung Rigas ist nichts neues vorgefallen.“ Das Mißlingen des Vorstoßes nach der mehrtägigen Schlacht bei Bauske und die Hiobsposten aus Moskau drückten den Mut der Rigenser tief herab und, als gar Steinheil Riga mit seinen Truppen verließ, um zu Wittgenstein zu stoßen, mochten sie wohl fürchten, wenn es Winter würde, ohne viel Widerwehr dem Feinde in die Hände zu fallen. Es bleibt aber doch bezeichnend, daß Oberpastor Grave unter dem 30. (18.) September einträgt: „O, nur keinen Frieden gemacht, es kann noch alles gut gehen!“

Eine stille dumpfe Zeit folgte: Ende September, im Oktober von einem Posttage zum andern fast keine Nachrichten, als von Kutusow: „Ich berichte Ew. Kaiserl. Majestät, daß bei der Armee und den Vorposten alles gut steht,“

dazu Gerüchte, der Hof in St. Petersburg packe ein, in der Stadt selbst aber das Umsichgreifen arger Lazaretseuchen, die Besorgnis und Bangen hervorrufen. Die Ereignisse des Kleinkrieges gegen die Preußen vermögen kein sonderliches Interesse zu erregen, die geringe Truppenzahl schließt einen wirklichen Erfolg ja von Anbeginn aus.

Eines Tages, am 21. (9.) Oktober, hört man in der Stadt, Napoleon sei auf dem Rückzuge aus Moskau. Niemand weiß recht, wie die Nachricht nach Riga gekommen ist. Aus Werro ist sie hergeschickt — und acht Tage später, man ist gerade im Theater, da erhält Essen die beglaubigte Nachricht, Moskau ist geräumt. „Gott lebt doch noch!" verzeichnet Grave. „Und rasch wird es nun den Siegespfad hingehen, auf Flügeln der Rache, rasch, unaufhaltsam das Verderben die Verderber ereilen!"

Ein Personenwechsel im Generalgouvernement trat am 4. November (23. Oktober) ein. Essen war wegen des Brandes der Vorstädte zuerst zu einer Erklärung aufgefordert worden, sein Hinweis in der Proklamation vom 29. (17.) Juli, er habe auf bestimmten Befehl gehandelt, war in Petersburg sehr übel vermerkt worden — am 17. (5.) Oktober genehmigte der Kaiser sein Abschiedsgesuch. Am 4. November (23. Oktober) traf sein Nachfolger, der Generaladjutant Marquis Paulucci, ein, der früher in sardinischen und österreichischen Diensten gestanden hatte. Sein Adjutant war der Oberst Ekesparre. Man hat damals Essens Abgang doch in Riga aufrichtig bedauert und es Paulucci gut angerechnet, daß er mehrere der Hauptpersonen der Stadt aufforderte, Essen ein „Abschiedskompliment" zu machen. Doch dieser war in tiefer Verstimmung schon abgereist, nachdem er in einem herzlichen Schreiben vom 9. November (28. Oktober) von der Stadt Abschied genommen hatte. Nachdem er noch einmal den Brand der Vorstädte als durch die Notwendigkeit diktiert hingestellt hatte, schloß er mit den Worten: „Ich ersuche einen Wohledlen Rat, der Dollmetscher meiner dankbaren Gefühle bei allen Bürgern Rigas zu sein. Die Zerstörung des Krieges möge fern von ihnen sein; und ein blühender Handel ihnen einen reichen Ersatz für ihre patriotischen Aufopferungen darbieten! Keine Entfernung und keine Zeit wird meine innige Freude hierüber zu mindern imstande sein." —

Langsam wandte sich nun das Blatt. Man vernahm von Verhandlungen, die Paulucci mit York anknüpfte, um ihn zum Abfall von Napoleon zu bewegen, machte sich seine Gedanken, warum York so hartnäckig blieb, bis endlich am 21. (9.) Dezember die Gewißheit alle ergriff: der Feind ist im Abzuge, alle Not hat nun ein Ende.

\* \* \*

Am 16. (4.) Dezember gingen in Mitau Gerüchte um, daß die Preußen nach Litauen abziehen würden. Man wagte es zuerst nicht, daran zu glauben, aber am 19. (7.) Dezember verließen in der Tat alle höheren französischen Beamten die Stadt, in der Nacht rückte die preußische Infanterie und Kavallerie ab; ihnen folgten Bayern und Polen, die dabei alles kurz und klein schlugen, was ihnen in die Hände kam. Mit Aufgebot aller Kräfte verhinderten die noch am Ort befindlichen Truppen eine Plünderung der Stadt, in der sich die Bewohner in banger Furcht in ihren Häusern verbarrikadiert hatten, bis endlich am 20. (8.) Dezember aus Ufer der Aa Gegangene die ersten Kosaken erblickten, die mit Jubel begrüßt wurden.

Um Mitternacht trafen auch Paulucci und Fr. Wilh. v. Sivers ein. Wie ein Alp hatte die französische Herrschaft seit Anfang August, wo die trefflich funktionierende taktvolle preußische Verwaltung einer französischen hatten weichen müssen, auf Kurland gelegen. Im Namen Napoleons und im Gegensatz zu der anfänglichen Verwaltung der Preußen unter rücksichtsloser Ignorierung der russischen Hoheit hatten die beiden Intendanten Jules de Chambodouin und Charles de Montigny geschaltet. Am 8. Oktober (26. Sept.) hatte Macdonald für Kurland noch einen Kriegs= und Zivil=Generalgouverneur in der Person des Divisionsgenerals Campredon ernannt, der in Mitau residierte und — eine Ausnahme unter den höheren französischen Beamten jener Zeit — durch Gerechtigkeit und Herzensgüte hervorragte. Schon am 1. August (20. Juli) hatte der Marschall aus kurländischen Edelleuten und Beamten die „Landesregierung des Herzogtums Kurland und Semgallen und des Piltenschen Distrikts" gebildet. Den Vorsitz führte gezwungener Maßen Graf Karl Medem, ein Bruder der letzten Herzogin, dem zur Seite standen: Domänenrat Ernst Schöppingk, Gerichtsrat v. Rüdiger und der Doblensche Assessor v. Holtei. Sekretär war Gouvernementssekretär Schultz, Prokureur der frühere Oberhauptmann Harry von Engelhardt, Fiskal der frühere Fiskal Conradi. Nur ungern und allein von Patriotismus getrieben, um die Lasten des Krieges nach Möglichkeit zu mildern, haben jene Männer die Mühwaltung auf sich genommen. Kaiser Alexander hat das auch gebilligt und jede Untersuchung gegen sie später durch einen Amnestieerlaß niedergeschlagen. Eine Absage wäre den Herren auch unmöglich gewesen, was Ernst Schöppingk erfuhr, als er Bedenken trug, das Amt anzunehmen. Chambodouin sagte ihm kühl: „Denken Sie nicht an eine Ablehnung. Ich habe die Macht in Händen, ich werde sie benutzen und jeden Widerstand streng bestrafen."

Politische Ziele haben die Franzosen in Kurland nicht verfolgt, die Stellung der Deutschen nicht angetastet. Sie haben sich einzig und allein um die Requisitionen und Steuern bekümmert. „Geld, Geld, Geld" lautete ihre Parole, und an 50 Ukase und Befehle hat die Landesregierung deswegen erlassen müssen. Da die Archive und Akten alle fortgeführt waren, so war die Steuer=erhebung, die auf Grund und Boden beruhte, ungemein erschwert. Die Not stieg immer mehr, als am 4. September (23. Aug.) dem Lande eine Kriegskontribution von 2 Millionen Frank auferlegt wurde, mit dem Geheiß, ein Viertel „unaus=bleiblich" bis zum 15. (3.) September, den Rest bis Ablauf von zwei Monaten zu zahlen. Bei der allgemeinen Armut kam es nun den Kurländern sehr schwer an, überhaupt Bargeld aufzubringen, zwei Millionen aber bildeten eine Summe, die nicht zu erlangen war. Trotz aller Befehle und Drohungen, die Säumigen auf die Festung Weichselmünde zu schicken, trotzdem man zu dem verzweifelten

Mittel griff, auf eine Anzahl wohlhabender Leute die Summe zu repartieren, die sich dann ihrerseits an der Menge schadlos halten konnten, hat man den nachbleibenden Rest von 800,000 Rbl. nicht aufgebracht.

Schwerer noch als die Geldkontributionen drückte das Land die Verpflegung der feindlichen Armee, die Pobwoden=Stellung für die Truppen und für die Artillerie, u. v. a. Wenn auch die Franzosen, namentlich Macdonald selbst, taten, was sie konnten, um die Lasten zu erleichtern, so konnten sie es nicht hindern, daß das Landvolk verarmte, seine Pferde einbüßte, ja tausende von Bauern verkamen und starben. Als der Winter einsetzte und die Soldaten ihnen ihre Pelze fortnahmen, das Vieh schlachteten, die Hütten zu Brennholz für das Biwak abbrachen, stieg die Not aufs höchste.

Dabei waren diese ungeheuer großen Opfer nicht einmal imstande, den preußisch=französischen Truppen die Unbilden des Winters zu lindern. Als die Preußen abrückten und durch Litauen marschierten, litten sie bei der bittern Kälte aufs entsetzlichste. Nur mit eiserner Tatkraft konnte General York die Truppen noch beisammen halten. In der Geschichte des Kolbergschen Regiments heißt es über den Abmarsch durch Litauen: „Bei einer Kälte, welche sich bis zu 24 Grad steigerte, durchzogen die preußischen Truppen größtenteils des Nachts die mit ellenhohem Schnee bedeckten Straßen. Durch die Notwendigkeit, alle Verpflegungsmittel in einer langen Reihe von Schlitten mitzuführen, wurden die Bewegungen ungemein erschwert. Die Nähe der Russen, welche ein Zu- sammenhalten des Korps und fast tägliche Biwaks notwendig machten, steigerte die Beschwerden der Truppen bis zum Uebermaß. Nach einem Halt von drei Stunden (am 22.), währenddessen die Leute ohne Feuer ausdauern mußten, wurden fünf Mann des Regiments (Nr. 3) vermißt, welche wahrscheinlich erfroren waren. Wer sich ohne Feuer dem Schlafe überließ, hatte unvermeidlich dies Schicksal, und neben der Flamme wurde die eine Seite des Körpers beinahe geröstet, während die entgegengesetzte erstarrte und nicht selten einige Glieder erfroren. Das Brot, welches der Soldat mit sich trug, hatte der Frost in Stein verwandelt, so daß es nur mit großer Mühe genießbar war. Selten erlaubten die Zeit und die Ermüdung ein regelmäßiges Kochen, dann war eine Suppe, von Schnee, Brot und Branntwein gekocht, die gewöhnliche Nahrung des Soldaten."

In einem Parolebefehl vom 23. (11.) Dezember hatte sich York also ausgesprochen: „So lange ich mich an der Spitze des Korps befinde, bin ich bemüht gewesen, selbiges der Gnade Sr. Majestät zu empfehlen und dieses ist, wie ich glaube, nicht ohne Wirkung geblieben. Mit Bedauern habe ich aber gesehen, daß der Marsch der Regimenter und Bataillone mit einer solchen Unordnung geschieht, daß sich ganze Korps beinahe auflösen. Die Kommandeure müssen darauf halten, daß Niemand austritt und zurückbleibe. Die Bataillone müssen immer geschlossen bleiben und, wenn zu rasch marschiert wird, muß solches von hinten avertiert werden, damit die Kolonne stets in schlagfertigem Zustande bleibe."

Als Marschall Macdonald nach Litauen abmarschiert war, hatte er York Janischki als Sammelpunkt angegeben, als York aber am 21. (9.) Dezember Kalwe, 1½ Meilen vor Janischki, erreichte, hatte Macdonald seinen Weitermarsch angetreten, ohne die Preußen abzuwarten, da er aus Angst, abgeschnitten zu werden, nicht länger zögern zu dürfen glaubte.

Hans Karl Friedrich Anton Graf von Diebitsch-Sabalkanski, russischer Feldmarschall, geb. 13. Mai 1785 zu Groß-Leipe in Schlesien, gestorben 10. Juni 1831. Nach seiner Ausbildung in der Berliner Kadettenanstalt trat er 1801 ins Semenowsche Garderegiment, 1812 war er Generalquartiermeister im Wittgensteinschen Korps, am 30. Dezember schloß er mit York die Konvention zu Tauroggen. Focht mit Auszeichnung im Befreiungskriege und war nach Napoleons Rückkehr von Elba Generalstabschef der I. Armee. 1822 wurde er Chef des Großen Generalstabs, 1825 überbrachte er dem Großfürsten Konstantin die Nachricht vom Tode Kaiser Alexanders I. Für seine Verdienste im Türkenkriege 1828/29 erhielt er den Ehrentitel „Sabalkanski" und wurde Generalfeldmarschall. Im polnischen Aufstand 1831 erfocht er die Siege bei Grochow und Ostrolenko, starb aber wenige Tage darauf an der Cholera.

Am 22. (10.) Dezember hatte General Wittgenstein Keidany erreicht; General v. Diebitsch mit ca. 1200 Reitern und etwas Geschütz war von ihm stark nach Westen vorgetrieben worden und hatte im Glauben, Macdonald ginge nach Memel zurück, Worny besetzt, während Graf Kutusow jun. mit ca. 4800 Mann bereits Tilsit eingenommen und seinerseits den zu seiner Verstärkung eingetroffenen General Wlostow nach Piktupönen vorgeschoben hatte. Der Marschall war aber, von Diebitsch nicht angegriffen, an ihm vorbei= marschiert und hatte nahe von Tauroggen Halt gemacht. Die Preußen waren ein erhebliches Stück zurückgeblieben. In die entstandene Lücke schob sich am 25. (13.) Dezember Diebitsch, indem er Koltynjany besetzte.

Die Preußen marschierten in zwei gleich starken Abteilungen: die linke südliche befehligte Hünerbein, bei ihr waren York und Horn, die nördliche führte Kleist. Die Trainkolonnen mit Proviant für 6 Tage, auf beide Teile verteilt, bildeten eine große Last für die Marschierenden, ja der durch sie ver=

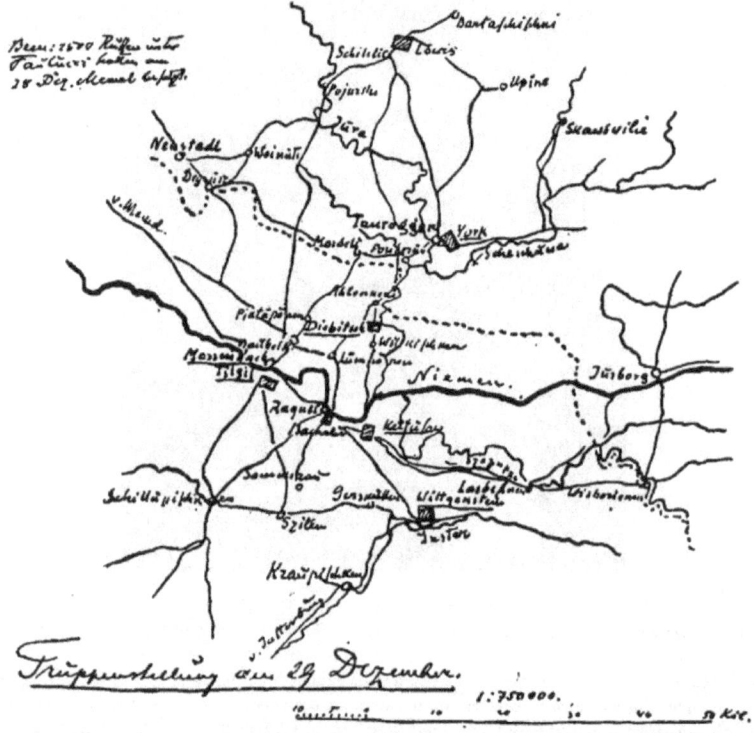

ursachte Aufenthalt auf dem Marsch ist von York selbst als gewissermaßen entscheidend für das Schicksal des Korps bezeichnet worden. Am 24. (12.) abends waren Yorks Vortruppen in Kelmy angelangt; hier erhielt er Macdonalds letzten zu ihm gelangenden Befehl: er werde jedes Gefecht vermeiden, ehe er alle Truppen bei Tauroggen konzentriert und hier erholt habe. York solle sich am nächsten Morgen nach Koltynjany begeben. Die späteren Botschaften, er solle über Tauroggen Piktupönen zu gewinnen suchen, erreichten York nicht mehr.

Auf dem Vormarsch am 25. (13.) Dezember stieß der vorausmarschierende Generalleutnant von Kleist vor Koltynjany auf feindliche Reiter, — die Ver= bindung der Preußen mit Macdonald war also durch die Russen unterbrochen.

Ob diese stark genug waren, um eine Wiederherstellung derselben dauernd zu verhindern, war natürlich eine andere Frage. In dieser Lage erschien bei Kleist der russische Major von Rönne als Abgesandter des Generals v. Diebitsch und bat in dessen Namen um eine Unterredung mit York. An diesen waren schon seit Mitte November seitens des Generals Paulucci wiederholt Vorschläge auf Trennung von den Franzosen herangetreten, die er aber immer ausweichend beantwortet hatte. Jetzt willigte er in eine Zusammenkunft in einem Vorwerk bei Koltynjany, die am 25. (13.) Dez. abends und am 26. (14.) früh stattfand. York wurde ein Neutralitätsvertrag angetragen, bei dem die Ehre der preußischen Waffen in keiner Weise geschädigt würde, aber zum Abschluß kamen die Verhandlungen noch nicht. „Von diesem Tage an," bemerkt das preußische Generalstabswerk, „bleiben die Verhandlungen bis zum Abschluß der Konvention ununterbrochen in Fluß und beeinflussen die militärischen Operationen. York, der täglich auf Nachrichten aus Berlin hoffte, bestand jedoch zunächst darauf, den Befehl, nach Tauroggen zu marschieren, auszuführen. Diebitsch möge daher vor ihm zurückweichen, aber ihn in dauernder Isolierung von Macdonald halten."

York marschierte am 26. (14.) Dez. weiter und traf am 28. (16.) in Tauroggen ein. Während dieser Tage fraternisierten die russischen und preußischen Truppen, ja am 26. (14.) Dez. bildete ein russischer Stabsoffizier mit 20 Kosaken den Führer der preußischen Marschkolonnen. Während York bis Tauroggen gekommen war, hatte Paulucci am selben Tage ohne Widerstand Memel besetzt, Löwis folgte von Norden und stand etwa bei Bartaschischki, Diebitsch bei Wilkischki und Wittgenstein von Osten kommend bei Jurburg auf dem linken Njemenufer. Während so die Russen sich immer enger konzentrierten, hatte Marschall Macdonald aus Besorgnis, mit seinem Korps abgeschnitten zu werden, auch in Tauroggen nicht das Eintreffen der Preußen abgewartet, sondern war abermals weiter ausgewichen und, wenn auch in sehr langsamen Tagesmärschen, um York die Vereinigung zu ermöglichen, am 28. (16.) Dez. in Tilsit angelangt. Voll schwerer Sorge schaute er nach den Preußen aus und sandte Boten über Boten aus, York zum schnellen Anmarsch anzufeuern.

Der Führer der Preußen befand sich in einer komplizierten und peinlichen Lage. Er war sich nicht im Unklaren, daß er Diebitsch über den Haufen werfen und sich mit Macdonald noch vereinigen könne, aber er wollte gern zum Abfall von den Franzosen gezwungen sein, sei es durch einen Befehl seines Königs, an den er seinen Vertrauten Seydlitz geschickt hatte, sei es durch die Wucht der militärischen Verhältnisse. Nach Tauroggen zu marschieren, hatte ihm der Marschall befohlen, hier war er angelangt, ohne jenen zu finden; was sollte er nun weiter tun? Die Vorsehung hat ihm schwere seelische Konflikte nicht erspart. Der von Seydlitz überbrachte mündliche Bescheid des Königs ebenso wie ein Brief Hardenbergs, der die Interessengemeinschaft Frankreichs und Preußens betonte, ließen York weiter im Unklaren. Aber wie lange sollte er noch zögern? Wittgenstein drängte zur Entscheidung, ohne freilich dem durch seine Truppen Nachdruck verleihen zu können, da er bei Jurburg stand, während Macdonald kaum einen Tagesmarsch entfernt war. Der Kampf zwischen Vaterlandsliebe und Gehorsam mußte den heißblütigen Mann und Patrioten tief erschüttern.

In dieser Stimmung traf ihn Clausewitz, der am 29. (17.) Dezember den letzten Versuch machen sollte, York zum Abschluß zu bewegen. Es dunkelte bereits, als Clausewitz eintrat. Sofort rief ihm der General entgegen: „Bleibt mir vom Leibe, ich will nichts mehr mit Euch zu tun haben. Eure verdammten Kosaken haben einen Boten Macdonalds durchgelassen. Nun hat aller Zweifel ein Ende, Eure Truppen kommen nicht an, Ihr seid zu schwach, ich muß marschieren und verbitte mir jetzt alle weiteren Verhandlungen, die mir den Kopf kosten würden." Doch Clausewitz hatte wichtige Nachrichten, vor allem die Marschdispositionen der Wittgensteinschen Armee, zu übergeben. Diese sollte am 31. (19.) Dezember bei Schilupischken sich zusammenziehen. War dies der Fall, so konnte ein Durchbruch Yorks zu Macdonald, wenn überhaupt, nur unter den schwersten Opfern erreicht werden. Bisher war im Dunkeln verhandelt worden, jetzt wurde Licht gebracht und York las die Papiere, die sichtlichen Eindruck auf ihn machten. Er wandte sich an Clausewitz mit der Frage: „Glauben Sie, daß sich die Wittgensteinschen Truppen am 31. (19.) Dez, wirklich auf dem bezeichneten Punkte befinden werden? Können Sie mir als Preuße Ihr Ehrenwort darauf geben?" Clausewitz erwiderte: „Ich verbürge mich Eurer Exzellenz für die Ehrlichkeit der Mitteilung; ob diese Dispositionen so ausgeführt sein werden, kann ich freilich nicht verbürgen, denn Ew. Exzellenz wissen, daß man im Kriege mit dem besten Willen oft hinter der Linie zurückbleiben muß, die man sich gezogen hat." Dieser freimütigen Antwort folgte erst tiefes Schweigen, dann reichte York nach einigen Augenblicken ernsten Nachdenkens Clausewitz die Hand mit den Worten: „Ihr habt mich. Sagt dem General Diebitsch, daß ich fest entschlossen bin, mich von den Franzosen und ihrer Sache zu trennen".

Am Morgen des 30. (18.) Dezember ist dann in der Poscheruner Mühle die denkwürdige Konvention abgeschlossen worden: das Yorksche Korps sollte zwischen Memel, Woinuli, Tilsit, Labiau und dem Haff Quartier beziehen und bis zur Entscheidung des Königs neutral bleiben. Sollte dieser den Rückmarsch zur französischen Armee bestimmen, so sei das Korps verpflichtet, bis zum 1. März 1813 nicht gegen Rußland zu dienen. Die von York getrennte Abteilung von General Massenbach (ca. 6000 Mann), die bei Tilsit stand, war in die Konvention mit einbegriffen. An seinen König aber schrieb York noch am selben Tage nach Berlin:

Tauroggen, den 30. Dezember 1812.

„Durch einen späteren Abmarsch wie der Marschall; durch die vorgeschriebene Marschdirektion von Mitau auf Tilsit, bloß um den Rückzug der 7. Division zu decken; durch böse Wege und endlich durch ungünstige Witterung in eine höchst nachteilige Lage versetzt, habe ich mich genötigt gesehen, mit dem Kaiserlich-Russischen Generalmajor v. Diebitsch die Konvention abzuschließen, welche ich Ew. Majestät hiermit alleruntertänigst zu Füßen lege. Fest überzeugt, daß bei einem weiteren Marsch die Auflösung des ganzen Korps und der Verlust seiner ganzen Artillerie und Bagage eben so unausbleiblich gewesen sein würde, wie bei der großen Armee, glaubte ich als Untertan Ew. Majestät nur noch auf Allerhöchst Dero Interesse und nicht mehr auf das Ihres Verbündeten sehen zu müssen, für den das Korps nur geopfert wäre, ohne ihm in seiner Lage noch wahre Hilfe leisten zu können. Die Konvention läßt Ew. Majestät in höchst Ihren Entschließungen freien Willen; sie erhält aber Ew. Majestät ein Truppen= korps, was der alten oder einer etwaigen neuen Allianz Wert gibt und Aller= höchst dieselben nicht unter die Willkür Ihres Alliierten setzt, von dem Sie die Erhaltung oder Retablierung Ihrer Staaten als Geschenk annehmen müßten. Ew. Majestät lege ich willig meinen Kopf zu Füßen, wenn ich gefehlt haben sollte; ich würde mit der freudigen Beruhigung sterben, wenigstens nicht als treuer Untertan und wahrer Preuße gefehlt zu haben. Jetzt oder nie ist der Zeitpunkt, wo Ew. Majestät sich von den übermütigen For= derungen eines Alliierten losreißen können, dessen Pläne mit Preußen in ein recht Besorgnis erregendes Dunkel gehüllt waren, wenn das Glück ihm treu geblieben wäre. — Diese Ansicht hat mich geleitet. Gebe Gott, daß sie zum Heile des Vaterlandes führt. York".

In einem zweiten Schreiben vom 3. Jan. 1813 (22. Dez. 1812), legte York die einzelnen Punkte der Konvention dar und schloß mit den bewegten Worten: "Ich erwarte nun sehnsuchtsvoll den Ausspruch Ew. Majestät, ob ich gegen den wirklichen Feind vorrücke, oder ob die politischen Verhältnisse erheischen, daß Ew. Majestät mich verurteilen. Beides werde ich mit treuer Hingebung erwarten, und ich schwöre Ew. Königl. Majestät, daß ich auf dem Sandhaufen eben so ruhig, wie auf dem Schlachtfelde, auf dem ich grau geworden bin, die Kugel erwarten werde. Ich bitte daher Ew. Majestät um die Gnade, bei dem Urteil, das gefällt werden muß, auf meine Person keine Rücksicht zu nehmen. Auf welche Art ich sterbe, ich sterbe immer wie

Ew. Majestät
alleruntertänigster und getreuester Untertan
York".

Der Marschall Macdonald saß gerade beim Frühstück, als ihm ein Adjutant die Briefe Yorks und Massenbachs Abschiedsbriefe überbrachte, die ihn von der Konvention in Kenntnis setzten. Er war tief bestürzt, aber kein Vorwurf ist je über seine Lippen gekommen. Als ritterlicher Offizier vermochte er die Tat Yorks voll nachzuempfinden. Er entließ die in Tilsit stehenden preußischen Truppen und hatte für die wenigen preußischen Offiziere, die bei ihm waren, herzliche, ehrende Worte: "Retournez", sagte er zu einem von ihnen (dem Leutnant v. Hartwich), "je vous souhaite tout le bonheur possible pour votre personne, remerciez à tous les braves Prussiens pour la bra= voure, qu'ils ont montré dans les temps, que je les ai commandé, Adieu!" Mit diesen Worten umarmte und küßte er den jungen Offizier, der seinerseits schreibt: "Gerührt sah ich ihm nach, denn ich hatte nur Gutes von ihm gesehen und in seiner Nähe genossen."

Mit großer Mühe und vor allem durch einen falschen Marsch der Avant=
garde Wittgensteins rettete Macdonald seine Abteilungen auf preußisches Gebiet
nach Labiau und Königsberg. — So war mit dem letzten Tage des Jahres
1812 der Feldzug in Kurland beendet. Die größte Tat desselben war der
Abschluß der denkwürdigen Konvention. Die Vernichtung der Napoleonischen
Armee hatte Rußland von der französischen Anmaßung errettet. Die Tau=
roggener Konvention gab das Zeichen zu Preußens Erhebung, zum Anbruch
einer neuen bessern Zeit für dieses.

In die Weltgeschichte hat so das Jahr 1812 sich mit ehernen Buchstaben
eingeschrieben.

Zeitfracht Medien GmbH
Ferdinand-Jühlke-Straße 7
99095 Erfurt, Deutschland
produktsicherheit@kolibri360.de